Estoicismo

La sabiduría eterna para vivir una buena vida

Desarrolla el valor, construye la confianza y encuentra la paz interior

Tabla de contenido

Introducción

"Es hora de que te des cuenta de que tienes algo en ti más poderoso y milagroso que las cosas que te afectan y te hacen bailar como una marioneta."

Marco Aurelio

Recuerdo la primera vez que me encontré con esta cita. Estaba haciendo una investigación en línea para un proyecto en el que estaba trabajando y, por casualidad, me tropecé con una página con esta cita en la parte superior. Estaba experimentando uno de los puntos más bajos de mi vida. Estaba haciendo malabares con tantos proyectos al mismo tiempo y, como puedes imaginar, estaba muy tenso tanto mental como emocionalmente. Mi cuenta bancaria estaba sangrando profusamente ya que los proyectos se llevaban mucho de mi dinero. Estaba cansado, pero tenía demasiado miedo de parar, todo lo que estaba haciendo en ese momento era perder mi identidad. Además de eso, mi más querido amigo estaba luchando contra el cáncer. Si alguna vez te has enfrentado al cáncer, sabes que no sólo afecta a la persona afectada, sino también a sus seres queridos. Fue un período muy, muy oscuro de mi vida. Pero

1

cuando leí estas palabras de Marco Aurelio, sentí que me había señalado en ese momento para hablarme específicamente a mí. Como un típico escéptico, asumí que iba a ser una de esas cosas retóricas que resuenan en ti, pero nunca tuvo un verdadero impacto. Aun así, estaba lo suficientemente desesperado como para averiguar más. Aunque odio parecer un cliché sobre esto, tengo que decir que desde que di ese paso, nunca he mirado atrás.

El estoicismo no se parece en nada a lo que pensé que sería y, al mismo tiempo, se convirtió en todo lo que necesitaba. Y todavía lo es, hoy en día. Explorarlo me llevó a alturas y profundidades de mí mismo que ni siquiera me di cuenta que estaban ahí. Y estas fueron las mismas palabras pronunciadas por un amigo mío de la infancia, que había servido en Irak cuando la crisis allí estaba en su apogeo. Este era un tipo que, cuando regresó, era una sombra de sí mismo. Muchos de nosotros tratamos de ayudarlo y fallamos. Éramos tan impotentes ante lo que estaba pasando, que afectó a nuestra amistad. Estuvimos fuera de contacto durante años, pero en los meses siguientes a mi primer contacto con el estoicismo, me encontré con él durante uno de mis viajes. No lo reconocí, así que fue él quien me llamó. Era muy diferente, pero de una manera muy buena. Se habían ido los ojos hundidos y privados de sueño que se habían convertido en su marca registrada. Delante de mí había un hombre de aspecto saludable que parecía más feliz de lo que nunca le había visto en mi vida. Era surrealista. Charlamos durante horas y compartimos nuestras experiencias, pero un comentario que hizo, realmente me llamó la atención. Dijo, "Cuando volví, era un hombre roto. Apenas vivía, y mi dolor diario era un diez constante. Y entonces, los estoicos me encontraron. Mi dolor sigue siendo un diez la mayoría de los días, pero mi vida es más rica que nunca. Incluso mejor que los días en que mi dolor era uno."

Este libro no cambiará las circunstancias que te rodean. Para cuando llegues a la última página, muchas cosas pueden haber cambiado, pero todo seguirá siendo igual. Pero escucha esto de mi parte: Si abres tu corazón a las verdades que hay dentro, te garantizo que el cambio más importante que necesitas que ocurra habrá ocurrido, y ese cambio serás tú.

Capítulo uno

Estoicismo 101

"Todo el futuro está en la incertidumbre:
Vive ahora mismo"
Séneca

Cuando escuchas las palabras "estoico" o "estoicismo", imágenes de una vida estricta y austera vienen a la mente. Piensas en una vida de abstinencia desprovista de placer o de cualquiera de las cosas buenas asociadas con una vida "robusta". Una persona que es considerada estoica es considerada como severa, poco amable, inflexible y sin mostrar ninguna forma de emoción humana. Típicamente se le atribuye como un rasgo masculino, pero hay mujeres que también "encajan" en esa descripción. En general, la perspectiva de la sociedad sobre el tema del estoicismo, aunque no es favorable, no es negativa. Y cuando la gente piensa en el estoicismo en una creencia o contexto religioso, la percepción general es que es extraño o pertenece a una de estas filosofías de la nueva era.

En los siguientes capítulos, entraré en detalles para abordar la tergiversación del estoicismo en nuestros tiempos, pero puedo decirte categóricamente que el estoicismo no es una tendencia de la nueva era. De hecho, los elementos del estoicismo están tan arraigados en nuestras culturas y formas de vida que ni siquiera somos conscientes de ello. Algunas de las frases más populares que se han convertido en clichés están en realidad enraizadas en el Estoicismo, o en citas directas de los propios fundadores del Estoicismo. Una de mis favoritas es "vive el momento". "Esta no es una cita estoica directa, pero es un eco parafraseado de una cita popular de uno de los grandes maestros del estoicismo.

"La verdadera felicidad es disfrutar del presente, sin depender ansiosamente del futuro, no para divertirse ni con esperanzas ni con miedos, sino para descansar satisfecho con lo que tenemos, lo cual es suficiente para el que es así, y no quiere nada. Las mayores bendiciones de la humanidad están dentro de nosotros y a nuestro alcance. Un hombre sabio se contenta con su suerte, sea cual sea, sin desear lo que no tiene."

Séneca

Comparada con esta larga cita, la versión de cuatro palabras parece una exageración, pero aquí hay otra frase de la cultura pop que es 100% estoica. "La suerte es lo que sucede cuando la preparación se encuentra con la oportunidad." Debes haber escuchado esto, o una versión de ello, al menos una vez en tu vida. Mi punto es que el concepto de estoicismo ha sido parte del tejido de nuestra sociedad desde hace tanto tiempo. Pero su práctica consciente es lo que se ha convertido en una novedad para nosotros. Dicho esto, ¿qué es exactamente el estoicismo? ¿Y es realmente relevante para nuestra época?

En términos muy simples, el estoicismo es una forma de vida que ensalza la virtud de enraizar la felicidad de uno en su propio comportamiento, en lugar de depender del mundo como la fuente de su felicidad. La vida es una complicada maraña de eventos que nos ocurren en serie. Estos eventos desencadenan emociones que van desde la ira hasta el celo. No hay un "interruptor de apagado" que pueda garantizar que estos eventos nunca ocurran. Como humanos, a menudo nos convencemos a nosotros mismos de que sólo tendremos salud, felicidad y paz en nuestras vidas cuando ocurran ciertos eventos.

Si pudieras conseguir ese trabajo perfecto, o si pudieras conseguir un aumento. Si pudieras ganar más dinero, o si pudieras encontrar a esa persona que te complete, o si pudieras tener un bebé. La lista sigue y sigue. Sin darnos cuenta, posponemos nuestra felicidad con este tipo de pensamiento. La idea de que la verdadera felicidad se puede encontrar en cualquier lugar o cosa menos en nosotros mismos nos envía en una búsqueda eterna para localizarla. A pesar del daño que esto nos trae, idealizamos estas búsquedas, adoptando clichés sociales que no tienen ninguna relevancia en lo que estamos atravesando, sólo para poder justificar nuestras elecciones.

Nos atribuimos títulos a nosotros mismos para sentir que estamos realmente en un viaje con un propósito. El "buscador de objetivos" tiene un conjunto de mantras para mantenernos en el camino de nuestro santo grial. Los líderes del pensamiento moderno se hacen eco de nuestros sentimientos con igual fervor, incitándonos a nuestros destinos. Y, la mayoría de las veces, llegamos a estos destinos. Conseguimos lo que queremos. Conseguimos el trofeo. Pero a menudo nos decepcionamos por lo que tenemos. El hombre o la mujer de nuestros sueños no es tan encantador, después de todo. El ascenso por el que trabajamos tan duro se está convirtiendo rápidamente en una pesadilla. Y el dinero no puede comprar la felicidad.

Sin embargo, esta comprensión no nos detiene en nuestro camino. En su lugar, simplemente recurrimos a viejos patrones, les ponemos nuevas etiquetas. "Tal vez si tuviera un trabajo en el que viaje siempre, o tal vez si me estableciera en un nicho de la industria. ¿Cuál es el mayor "tal vez" de todos ellos? "Tal vez si fuera más alta, o tal vez si se pareciera a tu MCM favorito. Tal vez si fueras un capricornio como tu mejor amigo. Tal vez, si todos estos "tal vez" fueran una realidad, tendrías una oportunidad de ser feliz."

Permitimos que las voces predominantes de la sociedad reflejen estas emociones. Canalizamos esas frases de "puedes hacerlo mejor, puedes ser mejor, o te mereces algo mejor" y dejamos que se conviertan en las voces de nuestras cabezas. Y con eso, pulsamos el botón de repetición sólo para terminar justo donde empezamos en primer lugar. Hay tanta gente que pasa por este ciclo de infelicidad sin darse cuenta de que no hay ninguna "cosa", ninguna persona o lugar, que pueda darte una felicidad genuina y duradera. Y esto es porque la felicidad no viene de fuera. Es desde el interior.

No puedes ser hipnotizado en un estado de felicidad. La euforia temporal, tal vez, puede funcionar, pero no hay ningún chasquido de dedos que pueda ponerte de repente en un lugar feliz. Ni siquiera las drogas pueden llevarte allí. Ciertas drogas pueden aflojar cualquier atadura emocional que te mantenga en ese oscuro túnel, pero nunca te liberarán realmente. En todo caso, esto enreda aún más las cosas, dejándote completamente dependiente de una droga para cualquier tipo de indulto, aunque sea temporal.

El estoicismo te lleva a un viaje a ti mismo eliminando pensamientos destructivos y patrones de comportamiento de los que probablemente no eras consciente. Y la belleza de seguir el proceso estoico es que el poder se vuelve a poner en tus manos. Permíteme ofrecerte una rápida ilustración: Tres damas salieron en un hermoso día soleado. De repente, las nubes se oscurecieron y una ligera lluvia comenzó a caer. La primera dama se había anticipado a esto, y sacó su paraguas y un impermeable. Incluso sus zapatos fueron elegidos para ese clima. Para ella, la crisis fue evitada. La segunda dama hizo un pobre intento de protegerse de la lluvia, mientras pensaba en cómo su ropa y todo el día se arruinaron. En su caso, la crisis fue afirmada. La tercera persona pensó en su pelo hinchándose como un pez globo si la lluvia lo toca, y se rió de la imagen mientras corría para cubrirse. Puede que se haya mojado un poco, pero en su caso, yo diría que la crisis se desvió.

Así que tenemos tres personas diferentes que tuvieron el mismo suceso, pero sus experiencias fueron diferentes. La lluvia cae sobre todos. Tu estatus, tu raza, y ni siquiera tu mente puede evitar que la lluvia caiga sobre ti. De la misma manera, la vida le pasa a todo el mundo. Es tu mentalidad la que determina las experiencias que tendrás en la vida. El estoicismo abre tu mente, te da poder para el viaje de la vida, y te pone en posición de determinar cuáles serán las experiencias de tu vida, incluyendo lo feliz que eres con tu vida.

Capítulo dos

Historia del estoicismo

"Si no se sabe hacia qué puerto se está navegando,
ningún viento es favorable."

Séneca

Para entender el estoicismo, es importante que viajemos atrás en el tiempo a la era del pensamiento revolucionario. Una época en la que el valor de un hombre estaba determinado por la solidez de su mente y la fuerza de su escudo. El estoicismo tiene sus raíces en la antigua Grecia. Muchos expertos creen que la primera voz del estoicismo fue el gran filósofo Sócrates que, irónicamente, se dice que también fue el padre de la filosofía del cinismo. Ambas filosofías comparten algunas similitudes, pero hay muchas diferencias entre las dos. El verdadero padre fundador del estoicismo es Zenón, quien tropezó con las enseñanzas filosóficas de Sócrates por accidente-literalmente.

Antes de fundar la escuela estoica de filosofía, Zenón era un comerciante muy exitoso que viajaba por los mares desde su ciudad natal, en lo que ahora conocemos como Chipre, a muchos lugares para comerciar. Uno de estos lugares era Grecia. En uno de sus muchos viajes, sobrevivió a un naufragio. Sobrevivir a algo tan aterrador como eso pone a la gente en un estado sobrio y contemplativo, y creo que este era su estado mental cuando decidió dejar de lado su plan de negocios y dirigirse a Atenas. Mientras Zenón estaba en Atenas, visitó la biblioteca de la ciudad, y mientras estaba allí, se encontró con manuscritos que hablaban del gran Sócrates.

Si no sabes quién es Sócrates, sus enseñanzas fundaron la filosofía occidental. Aunque él mismo no escribió nada, sus más ardientes estudiantes y discípulos Platón y Xenofonte documentaron sus enseñanzas. El manuscrito que Zenón descubrió fue escrito por Xenofonte, y Zenón amaba tanto el retrato de Sócrates que quiso encontrar y conocer a un hombre como él. Zenón estaba discutiendo esto con la persona que le había vendido el manuscrito cuando pasó Crates de Thebes. El librero llevoó a Zenón hacia él.

Antes de profundizar en la historia del estoicismo, es importante destacar la serie de accidentes que llevaron a Zenón a este punto. En primer lugar, estaba el naufragio. Luego fue su descubrimiento del manuscrito escrito por Xenofonte, y luego, el encuentro fortuito con Crates de Tebas. Se dice en una de las biografías de Zenón mientras bromeaba, "Ahora que he sufrido un naufragio, estoy en un buen viaje." En otras versiones, se citaba a Zenón diciendo: "He hecho bien, la fortuna, llevándome así a la filosofía." Este tipo de pensamiento, que convierte las experiencias de la desgracia de uno en una fuente de pura felicidad, es exactamente de lo que trata el estoicismo. Ahora, volvamos a la historia.

Crates de Tebas fue un conocido filósofo cínico y, en su época, el cinismo era bastante popular (no muy practicado, pero conocido) entre la gente. Nació en la riqueza, pero basado en sus creencias, Crates regaló todo lo que poseía para vivir una vida de pobreza en las calles de Atenas. Comía en las calles, dormía en las calles, defecaba en las calles, e incluso se sabía que se masturbaba en las calles. Como si esta forma de vida pública no fuera suficientemente mala, se decía que estaba cojo en una pierna y tenía los hombros encorvados. Por lo tanto, era un cínico extremo que era algo discapacitado, pero era muy respetado por la gente de Atenas. Su atractivo para la gente no era sólo porque noblemente regalaba su riqueza por la pobreza, sino el hecho de que, en ese estado desnudo y simple, vivía una vida alegre.

Un estudiante suyo lo dijo de esta manera: "Pero Crates con sólo su cartera y su capa andrajosa se rieron de su vida jocosamente, como si siempre hubiera estado en un festival. "

Tan querido era Crates que la gente lo apodaba "el abridor de puertas", porque podía entrar en cualquier casa y era recibido con honor en todos los lugares a los que iba. Siguió atrayendo a una rica heredera que renunció a su riqueza, se casó con él y se unió a él en la vida de la calle. Se sabe que Hiparchia le dio al menos dos hijos. Esto era notable, porque la idea de que una mujer, una mujer de alta cuna, eligiera vivir de esa manera era aborrecible. Pero lo hicieron, y su matrimonio funcionó gracias a ello.

Imagina este encuentro casual entre Zenón y Crates. Por un lado, tienes a este tipo que acaba de perder su riqueza en el mar y ahora está tratando de dar sentido a su vida, en un bajo estado emocional. Por otro lado, tienes a un tipo que tenía toda esta riqueza y parecía que estaría mucho más cómodo en su condición física si fuera rico, sin embargo, la regaló voluntariamente. Para colmo, era inmensamente feliz. ¡Qué impresión habría causado esto en nuestro joven Zenón!

Armado con el manuscrito sobre Sócrates, Zenón siguió a Crates y se convirtió en un ardiente estudiante suyo. Sin embargo, Zenón no siguió del todo los caminos de su maestro. Zenón se imbuía de la idea de vivir una vida sencilla, pero también creía en la modestia. Supongo que la vida en la calle no era para Zenón. También estudió con otros filósofos de su tiempo, pero Crates tuvo la mayor influencia sobre él. A diferencia de su alegre y humorístico profesor, Zenón era percibido como sombrío y retraído.

Escogió su compañía con cuidado y no le gustaba hacer largos y elaborados discursos. Era un hombre serio con un propósito, e incluso su muerte, según se informa, reflejó esto. Se dice que murió citando una línea del trágico cuento de Niobe, "Ya voy, ya voy, ¿por qué me llamas?" Todo tenía un propósito para Zenón, y esto fue enfatizado en sus enseñanzas. Empezó sus enseñanzas en un lugar llamado Stoa Poikile, que es donde el nombre "Estoico" se originó. Al principio, los poetas originarios de esta zona se llamaban estoicos, pero gracias a la influencia de Zenón, sus seguidores y discípulos fueron más tarde conocidos como estoicos.

Aquí estaba un hombre en el precipicio de su mayor tragedia. Había perdido una parte significativa de su riqueza en un viaje. Aunque nunca ha habido un momento en el que ser pobre haya sido fácil, creo que la gente de esta época probablemente lo haya tenido aún peor. La pobreza era considerada vulgar. La gente se aferraba a su riqueza como si sus vidas dependieran de ella. Su sentido de propósito, sentido de libertad y sentido de felicidad estaban determinados por el tamaño de sus carteras. No estamos tan lejos de este tipo de pensamiento en el mundo de hoy, la mayor diferencia es lo que consideramos como riqueza.

En aquel entonces, la calidad de la túnica se consideraba un indicador de riqueza. El número de campos que se poseían y el número de trabajadores que tenían, también eran signos de riqueza. Incluso el número de hijos que uno tenía jugaba un papel importante en la definición de su estatus social. Hoy en día, miramos el número de autos que se tiene. Cuanto más caro es el modelo, más puntos ganas. Nuestro sentido de logro depende del número de gustos y seguidores que podamos atraer en las redes sociales. Son conceptos diferentes, pero el contexto sigue siendo el mismo.

Los primeros maestros de esa época trataron de ayudar a la gente a eliminar las limitaciones impuestas a su felicidad por la riqueza o la ausencia de ella.

Capítulo tres

Estoicismo temprano

"El propósito de la vida es la felicidad, que se logra con la virtud,

viviendo de acuerdo con los dictados de la razón, entrenamiento ético y filosófico,

autorreflexión, juicio cuidadoso y calma interior."

Cita estoica

Dado que el estoicismo desciende en cierto modo del cinismo, es comprensible que los primeros practicantes del estoicismo hayan tenido que trabajar más duro para convencer a la gente de que son diferentes de los cínicos. Un famoso poeta, siglos después de la muerte de Zenón, se dice que dijo en broma en una de sus sátiras que la principal diferencia entre un estoico y un cínico era la elección de la ropa. Dado que Zenón estaba fuertemente influenciado por uno de los cínicos extremos de su tiempo (Crates), no se puede culpar a la gente por hacer esta suposición.

Sin embargo, los verdaderos seguidores entendieron la clara diferencia. Zenón, en su enseñanza, dividió la filosofía en tres áreas principales: lógica, física y ética. Él creía que estas tres cosas eran elementales para lograr una completa paz mental. Zenón no era un hombre de muchas palabras, pero el fundador del estoicismo escribió muchos artículos sobre el tema del control del hombre sobre su mente y sus ansias sin sentido. Lamentablemente, ninguno sobrevivió a través del tiempo. Tenemos fragmentos de sus declaraciones citados por otros escritores, pero son sus enseñanzas y principios, así como su visión de la sociedad estoica transmitida a sus estudiantes, lo que nos da su visión general de la vida desde una perspectiva estoica.

Lógica

En cuanto a la lógica, Zenón creía que hay cuatro etapas que una persona debe atravesar antes de alcanzar el verdadero conocimiento. Primero viene la percepción, o la impresión de una materia. La siguiente etapa es el reconocimiento de la persona de la materia, que Zenón denominó *asentimiento*. Después de la aceptación, la siguiente etapa de este viaje es la comprensión. Y es sólo después de que el individuo ha ganado la comprensión completa de la materia que puede realmente obtener el verdadero conocimiento de la misma. La lógica es un tema amplio que cubre no sólo las teorías de la percepción y el pensamiento, sino también la retórica y la gramática. Los pensamientos de Zenón sobre la lógica fueron influenciados por uno de sus profesores de la escuela de filosofía Megarian en Ática, donde estudió con grandes filósofos.

Ahora bien, mientras que las enseñanzas de Zenón iniciaron el movimiento estoico en su época, ciertos filósofos prominentes pueden haber sentido que sus enseñanzas, particularmente en el tema de la lógica, eran una versión algo diluida de lo que habían enseñado algunos de sus predecesores. Un hombre que expresó esta opinión fue Marco Tulio Cicerón, un filósofo y abogado que es considerado el mayor orador de Roma del siglo [1.] Pero la vida y los tiempos de Cicerón ocurrieron mucho después de la muerte de Zenón, y él hizo muy poco por la comunidad estoica. Sin embargo, Crisipo, que más tarde se hizo cargo de la dirección de la escuela de estoicos, en retrospectiva había protegido a la escuela de tales ataques. Llegaremos a él más tarde.

Física

En las enseñanzas estoicas, la física es más que la ciencia de las cosas. Explora la naturaleza en su forma más cruda e identifica el Universo como Dios. Su punto de vista no era otorgar cualidades humanas a los objetos inanimados. Razonaba que el universo es el todo al que pertenece cada una de las otras partes, y que el universo es una entidad de razonamiento divino que avanza y se extiende creando. Zenón creía que los universos experimentan ciclos de formación y destrucción, un proceso que comienza con la forma primaria del fuego del universo. A partir del fuego, se convierte en aire, que se convierte en parte agua y parte tierra. El agua se convierte en aire de nuevo antes de volver al fuego.

La parte interesante de la primera visión de Zenón sobre la física es que nuestras almas son todas parte del mismo fuego, que es la sustancia primaria del universo. Las diferencias en nuestro pensamiento, nuestro estatus, así como otros atributos físicos, es un resultado del proceso de transformación. Sin embargo, en el fondo, todos somos iguales. Y continúa diciéndonos que la naturaleza del universo está equilibrada. Se propone lograr lo que es correcto. Y, aunque nuestras acciones y elecciones puedan llevarnos por diferentes caminos y crear rutas alternativas a nuestro destino, Zenón reconoce el impacto del destino incondicional en su diseño para mantener el equilibrio frente al libre albedrío.

Ética

El tema de la ética es donde los primeros estoicos se distinguieron claramente de los cínicos. Los cínicos sostenían la creencia de que, si una cosa es moralmente indiferente, no puede tener ningún valor. Por lo tanto, ya que una casa es sólo una cosa para proporcionar refugio, no puede ser definida como buena o mala. Casi todas las posesiones mundanas toman la misma característica, por lo que la mayoría de los cínicos renegaban de cualquier riqueza que tuvieran. Los extremistas como Crates vivieron toda su vida sin nada a su nombre. Otro cínico extremista conocido en esa época es Diógenes de Sinope. Se decía que se ganaba la vida mendigando, y su casa en las calles estaba en un tarro de cerámica.

Zenón, a pesar de su gran respeto por Crates, no necesariamente estaba de acuerdo con él en este aspecto. Opinaba que las cosas que satisfacen nuestro instinto natural de autoconservación podrían tener algún valor relativo. Sin embargo, dejó ostensiblemente claro que el valor proporcionado por estas cosas no nos lleva de ninguna manera a la felicidad. Zenón sostiene en sus enseñanzas que la felicidad depende directamente de nuestras acciones morales, y que ninguna acción moral es más virtuosa que la otra. Nuestras acciones son buenas o malas.

Este tipo de pensamiento resuelve muchos conflictos emocionales que surgen del debate interno que tenemos sobre las acciones que realizamos. Este proceso de pensamiento es crucial para ayudar a eliminar los desafíos innecesarios que nos ponemos a nosotros mismos. En un mundo en el que estamos constantemente buscando etiquetas para nosotros mismos, nuestros pensamientos, y prácticamente todo lo que hacemos, la temprana vida estoica buscaba conectarnos con el fundamento de todo ello: nuestro sentido de la razón. Zenón identificó cuatro emociones negativas, y las tres correspondientes a estas cuatro. Zenón fue incapaz de encontrar ninguna emoción racional equivalente correspondiente al dolor. Así que tiene la "voluntad" positiva para el "deseo" negativo, la "precaución" para el "miedo" y la "alegría" para el "placer".

El deseo y el placer son palabras que no identificamos como negativas hoy en día. Sin embargo, son emociones que normalmente confundimos con la alegría en nuestra búsqueda de la felicidad. Deseas una cosa, la buscas, cuando la alcanzas, por un breve momento, eres "feliz", sólo para darte cuenta de que esta felicidad es fugaz. Y, como quieres retener este sentimiento de felicidad, desvías tus deseos a otra cosa y repites el ciclo. Zenón comprendió esto y, aunque su tiempo es diferente de nuestro tiempo, la interacción humana y la reacción emocional al mundo sigue siendo un proceso estático. Los primeros estoicos buscaron la paz en su sencillo modo de vida mientras preservaban el equilibrio con sus instintos naturales.

Capítulo cuatro

Estoicismo moderno

"No es lo que te pasa a ti,

lo importante es cómo reaccionas ante ello. "

Epicteto

En el último capítulo, hicimos un recorrido filosófico
a través de los años 500 - 200 a.C., e incluso tocamos
el primer siglo para establecer el comienzo del
estoicismo. Conocemos la gente, la lógica y las ideas
que influyeron en el Estoicismo en sus primeros años,
y también sabemos que todas las obras de Zenón se
perdieron. Pero, después de la muerte de Zenón,
¿cómo fue capaz el estoicismo de perseverar,
evolucionar y arraigarse en la sociedad? ¿Y cuán
relevante es la forma de pensar estoica en el mundo
de hoy? Bueno, la respuesta a eso es simple: las
grandes ideas sobreviven a la gente y a los tiempos en
que fueron concebidas. Dicho esto, en este capítulo,
estamos retrocediendo el movimiento estoico
después del paso de Zenón y siguiendo los pasos de
sus alumnos y discípulos a tiempos más
convencionales. Ahora, estoy seguro de que viniste a
este libro buscando la iluminación, no para una

lección de historia, pero debo señalar que a veces, para llegar a donde se quiere ir, tienes que prestar atención de donde se parte (especialmente si estás perdido).

Y así, por unos minutos más, perdámonos en la ciudad de Atenas. Tras la muerte de Zenón, uno de sus alumnos más devotos, Cleanthes, se hizo cargo de la dirección de la escuela. Su historia fue tan trágica como la de Zenón: era un boxeador de cierta reputación en sus primeros años, pero cuando llegó a Atenas, apenas tenía dinero para alimentarse. Eligió estudiar filosofía con los grandes. Primero, con Crates el Cínico, pero pronto se enamoró de Zenón. Cleanthes vivió la vida estoica y fue considerado por muchos como un hombre de carácter. Hizo valiosas contribuciones al estoicismo, particularmente en el área de la física.

Cleanthes elaboró la noción de Zenón de que todo en el Universo es parte de uno. Él caracterizó al alma como una sustancia material, y afirmó que las almas siguen viviendo incluso después de la muerte. Y sobre el tema de la ética, enfatizó el papel que nuestra voluntad tiene sobre nuestras emociones. En otras palabras, lo que Zenón comenzó, Cleanthes lo completó, y lo hizo bastante literalmente en algunos casos. Por ejemplo, es una creencia general en la que se citó a Zenón diciendo, "la meta de la vida es vivir consistentemente", y se dijo que Cleanthes añadió, "con la naturaleza". Esto completa el popular mantra estoico, "la meta de la vida es vivir consistentemente con la naturaleza". "

Las contribuciones de Cleanthes ampliaron la visión de Zenón sobre el estoicismo, pero el verdadero cambio de juego vino de Crisipo. Lo mencioné antes, de pasada, pero ahora veremos su papel en esta historia. Puede que Cleanthes ampliara las teorías de Zenón, pero fue Crisipo quien las expuso, quien cristalizó los pensamientos de Zenón y puso el estoicismo en un camino que influyó en las mentes de algunos de los más grandes filósofos de las eras que siguieron, e incluso hasta hoy.

Su interpretación de las enseñanzas de Zenón hizo lo que en la terminología moderna se describiría como incendiar la escuela estoica. Para aquellos que no entendieron las enseñanzas del estoicismo en las etapas iniciales, este tipo lo dejó más claro. La práctica se extendió a través de las tierras y se transformó en el estilo de vida de muchas personas en ese tiempo. Esto sentó las bases para la integración del estoicismo en las culturas y la religión, aunque las personas que adoptaron los principios estoicos no se identificaron como estoicos. Esto explica por qué escuchamos ocurrencias estoicas aquí y allá. En esta época, el Estoicismo trascendió el hecho de ser la religión de la "nueva era" de la época. Crisipo estableció principios prácticos para la vida diaria. Enseñó cómo llegar a la raíz de los problemas emocionales y proporcionó una guía para ayudar a salir de las cadenas que nos hemos puesto con nuestras propias expectativas y ambiciones. Había tantas voces en ese momento, pero Crisipo creó una cohesión para estas diferentes opiniones, lo que probablemente explica por qué la gente lo acusó de citar a otros filósofos en sus escritos.

Su comprensión de las ideologías presentadas en ese momento hizo posible que el estoicismo tomara una posición definitiva. Sus logros y argumentos le valieron a Crisipo el reconocimiento como uno de los principales lógicos de Grecia, y algunos incluso lo colocan por encima de Aristóteles. Algunos estoicos competentes que se beneficiaron de sus enseñanzas y fueron reconocidos son:

Séneca

Este es un rico poeta y filósofo que es citado a lo largo de este libro; ofreció guías prácticas sobre cómo vivir la vida estoica. También es uno de esos estoicos que no renegó de la riqueza, al contrario, fue uno de los estoicos más ricos de su tiempo. Esto nos dice que el estoicismo no desprecia la riqueza, por lo que abrazar la vida estoica no significa abrazar la pobreza.

Epicteto

A diferencia de Séneca, Epicteto fue un esclavo que ascendió a las filas de filósofos muy respetados. Nació en la esclavitud en algún lugar de Turquía y tenía un amo que le permitía estudiar. Cuando se le dio la libertad, pasó a enseñar filosofía. Una de las personas en las que influyó fue Marco Aurelio.

Marco Aurelio

Se sabe que Séneca ganó más riqueza, poder e influencia por ser el tutor del joven que más tarde se convirtió en un emperador muy querido, pero Marco Aurelio se hizo poderoso porque era un emperador y también un estoico incondicional. Su reinado estuvo plagado de guerras y problemas y, a pesar del tremendo poder que ejercía, Marco fue considerado noble, justo y desprovisto de corrupción, lo que demuestra que un estoico puede tener poder y seguir siendo fiel a sus creencias.

Los líderes de pensamiento modernos que adoptaron el estoicismo incluyen a personas como Theodore Roosevelt, Robert Louise Stevenson y Bill Clinton. Sin embargo, en los siglos que siguieron al reinado de Marco Aurelio, el estoicismo fue visto públicamente con desprecio y no fue hasta el siglo [20] que regresó. Este regreso fue gracias al reconocimiento dado al estoicismo por su inmensa contribución a la lógica y a otros aspectos de la ciencia, particularmente las matemáticas.

Pero, no estamos aquí para discutir las matemáticas, la física y la ciencia del estoicismo. Estamos aquí para elevar nuestras mentes por encima de las circunstancias para lograr una completa paz mental. Quise que hiciéramos este viaje histórico por varias razones más allá de ayudarnos a entender el origen del estoicismo. Quiero que miremos a los hombres que fundaron el estoicismo. Eran hombres limitados por la ciencia de su tiempo. Fueron golpeados por la vida, pero a pesar de las tragedias que sufrieron, dieron forma al resultado de sus vidas e influyeron en su mundo elevando sus mentes. No sólo dijeron las palabras que hemos llegado a apreciar: vivieron esas palabras.

Su viaje a la elevación comenzó con la apertura de sus mentes. Y es hora de que abras tu propia mente. Con la historia fuera del camino, examinemos los principios estoicos y la lógica.

Capítulo cinco

La lógica estoica

"Mientras vivas, sigue aprendiendo a vivir."

Séneca

La lógica estoica en el contexto de los libros de texto es el sistema de razonamiento lógico formal que se ocupa de la aplicación práctica de la filosofía diseñada para ayudar a la gente a vivir mejor diariamente. La lógica estoica cubre todos los aspectos de la vida, desde el sexo hasta las emociones e incluso las interacciones sociales con los demás. El concepto de estoicismo es tan abarcador que estos principios todavía resuenan profundamente con nosotros hoy en día, aunque han existido desde 400 años antes de Cristo. Los fundadores del estoicismo estaban tan adelantados a su tiempo, que los avances realizados en la tecnología moderna en las áreas de la informática, la inteligencia artificial, y muchos otros son posibles en gran medida debido a los descubrimientos pioneros realizados por estos filósofos estoicos.

Más importante que la maquinaria de la que tanto dependemos es el impacto del estoicismo en nuestras vidas. De acuerdo con la lógica estoica, cuando se trata del comportamiento humano, todo lo que hacemos está determinado por nuestra capacidad de razonar. La lógica estoica es acerca de abrazar el poder de la toma de decisiones. El mundo en el que vivimos hoy nos ha vendido la idea de vivir de nuestros deseos. Cuanto más grande sea tu casa, más satisfecho estarás. Cuanto más caros sean los autos que conduces, más respetado serás. Cuanto más rico seas, más feliz te sentirás. Y así, estamos entrenados para querer más. Deseamos los últimos teléfonos, artículos de moda, y cualquier otra cosa que los medios nos vendan basados en la imagen que han pintado.

Sin embargo, también hay una escuela de pensamiento que, como la vieja escuela de los cínicos, desaprueba cualquier cosa que pueda añadir valor a tu vida. Bajo el disfraz de la religión y las creencias, la gente es manipulada para desalentar la búsqueda de la riqueza, el poder, el conocimiento, o cualquier cosa que podría ponerlos en una posición de ser de cualquier tipo de influencia. Este tipo de pensamiento les limita de alcanzar su verdadero potencial y hacer cualquier tipo de contribución valiosa al mundo. También los hace más susceptibles a la manipulación de los demás porque, nos guste o no, necesitamos estas cosas para preservar nuestra dignidad.

Además de estos puntos de vista conflictivos sobre la vida y nuestro insaciable apetito por más "cosas", estamos obligados a lidiar con la vida. Sabemos que la vida no va a quedar en suspenso simplemente porque estás tratando de ganar tu título, terminar ese proyecto, o construir esa relación. Vi una película en la que el actor dice que la vida es como una serie interminable de accidentes de tren, con sólo breves pausas comerciales de felicidad. No todos pasan por los mismos ciclos de felicidad intercalados con momentos de dolor. Para algunos de nosotros, el dolor viene en dosis cortas, mientras que para otros, el dolor continúa por más tiempo. Y luego, tienes personas que han lidiado con el dolor toda su vida. No importa quién seas, como mencioné antes, la lluvia cae sobre todos nosotros.

La gente dice que las circunstancias por las que pasamos en la vida nos forman y nos hacen mejores. Ese tipo de pensamiento puede funcionar en ciertas situaciones, pero ¿qué pasa con los acontecimientos que causan un dolor sin sentido? En esos momentos de dolor, eres incapaz de entender por qué te han pasado estas cosas y cómo se supone que te harán mejorar. Si tienes la suerte de hacerlo, podrás seguir adelante con tu vida, pero puedes quedar marcado por la experiencia. Siempre habrá residuos del dolor causado por el evento. Aquellos que no son tan afortunados pueden entrar en una guerra emocional que les causa daño a ellos mismos, así como a los que les rodean. Su incapacidad para encontrarle sentido a su tragedia los sumerge en una depresión y, hasta que lleguen a la raíz del problema, continuarán reviviendo este dolor diariamente. La idea de que sus circunstancias le dan forma le pone a disposición de la vida. Te dejas llevar por los caprichos de estos acontecimientos, como si estuvieras a bordo de un barco sin timón y sin capitán que lo guíe, irás a la deriva, sea cual sea la forma en que te arrojen las tormentas. Si no tienes cuidado, ese barco podría terminar rompiéndose.

La lógica estoica te entrena para dirigir tu barco con fuerza y convicción, incluso frente a las aguas tormentosas de la vida. Y si por casualidad las tormentas a las que te enfrentas te dirigen en una dirección que no estás tomando, con sabiduría y decisiones cuidadosas, puedes trazar tu curso para llevarte a donde quieres ir, o incluso hacerte una vida mejor en el lugar en el que te encuentras ahora. Con la lógica estoica, incluso en el ojo de la tormenta, tú estás a cargo. Tus decisiones vienen de un lugar de pensamiento racional, cuando eres capaz de pensar racionalmente, las opciones disponibles para ti se vuelven más claras.

Los fundadores y principales contribuyentes al avance del estoicismo son personas cuyas vidas y enseñanzas nos orientan sobre cómo alcanzar la perfecta paz mental, incluso cuando estamos pasando por dificultades. El objetivo es llegar a ese lugar donde se puede vivir la buena vida. Ahora, ¿qué es la buena vida? Hemos establecido que la riqueza y la acumulación de cosas no es la buena vida. Esto puede contribuir a mejorar tu calidad de vida, pero incluso con la ausencia de estas cosas, todavía puedes vivir la buena vida. Y eso es porque la buena vida es un estado en el que vivimos de acuerdo con la naturaleza. Esto definitivamente no presagia vivir en nuestro estado básico como los animales, porque tenemos la única cosa que los animales no poseen: la capacidad de razonar.

La buena vida para el estoico es donde todas las acciones son un subproducto de la aplicación de un razonamiento sólido. Es fácil confundir a un verdadero estoico con uno que está obsesionado con el control, porque parece que se quedan en sus pensamientos y rara vez toman acciones sin pensarlo bien. Sin embargo, la decisión de aplicar la razón a cada una de sus acciones proviene de un lugar donde reconocen las cosas que no pueden controlar, y en cambio se centran en lo que sí pueden. Con esta perspectiva, se puede encontrar que son mucho más fluidas, si no directamente opuestas a la impresión rígida que tenemos de ellas. La fluidez de los estoicos les permite ir con el flujo y reflujo de la vida sin estar necesariamente sujetos a ella.

Cuando la lógica estoica se reduce al objetivo de vivir la buena vida, suena bastante simple y sin complicaciones, pero estarías en lo cierto al asumir que es todo lo contrario. Es por eso que hay principios rectores para llevarnos a través de cada momento de nuestras vidas. En los siguientes capítulos, a menudo verás la palabra "virtud", esta palabra juega un papel importante en la lógica estoica. "Virtudes", en este contexto, se refiere a las cosas que aspiramos a ser y en las que nos convertimos.

Para aquellos de nosotros que estamos acostumbrados a vivir en el límite entre la luz y la oscuridad, en otras palabras, la gente que le gusta crear un poco de problemas de vez en cuando, el camino estoico puede parecer un poco desalentador. Puede que te preocupe convertirte en un santurrón. Sin embargo, aunque se espera que apliques la razón a cada acción, no significa que tu vida tenga que ser aburrida. Hay mucho espacio para divertirse y, lo que es más importante, hay mucho espacio para que seas mejor.

En lugar de vivir de las cursilerías de una sola línea, usa la lógica estoica para convertirte en la versión más auténtica de ti mismo, donde no hay compromisos en los valores y la integridad moral.

Capítulo seis

Conceptos erróneos generales sobre el estoicismo

"Todo nuestro conocimiento inicia con los sentidos, procede entonces al entendimiento y termina con la razón. No hay nada más elevado que la razón."

Immanuel Kant

Con el fin de derribar tu sistema de pensamiento, lo cual es crítico si se quiere que la lógica estoica sea eficaz para ayudar a alcanzar los objetivos que se han establecido, es importante examinar las nociones preconcebidas más comunes que la gente tiene sobre la lógica estoica. Hablé de algunas antes pero aquí, vamos a ser más específicos. Empezaré con las más comunes y continuaré a partir de ahí.

1. Que el estoicismo es demasiado austero

Creo que esta opinión surgió de los primeros años del estoicismo, que fue una época en la que el cinismo estaba de moda. El estilo de vida cínico consistía en renunciar a cualquier posesión mundana y vivir una vida piadosa. Aunque los primeros maestros estoicos hicieron una clara distinción en este sentido, ha tomado un tiempo para que su diferenciación se ponga de moda.

También es muy posible que la ausencia de un estilo de vida extravagante, típico de la mayoría de los estoicos, haga que parezca que no se divierten ni disfrutan de la vida. La verdad de esto es simple: La lógica estoica enseña que no se debe dar valor a la riqueza y a las cosas materiales, por lo tanto, no es fácil dejarse llevar por el materialismo. Más bien, aprecias las contribuciones hechas en tu vida, pero esto no controla tus acciones.

2. Que el estoicismo es una secta religiosa

De nuevo, en los primeros años, el estoicismo tenía seguidores como un culto, lo que probablemente instigó la idea de que era una secta religiosa. Sin embargo, más que una religión, es una forma de pensar y razonar. A diferencia de las religiones, en las que se requiere abrazar todas las facetas, el Estoicismo permite tomar ciertos elementos y aplicarlos de la manera que se considere conveniente.

En la aplicación de la lógica estoica, una deidad no dicta sus tratos en la vida. Lo que comes, cómo te vistes, así como lo que haces está dictado por tu sentido del bien y del mal. Sin embargo, tu perspectiva no es el único factor en el proceso de toma de decisiones. También tienes que considerar cómo tus acciones pueden afectar tus relaciones con los demás.

3. Que el estoicismo significa retirarse del mundo

Para practicar el estoicismo, no tienes que dejar tu trabajo diario, vender tu casa y establecerte en un monasterio oculto. No se requiere contemplar los misterios del universo desde el silencio de una cueva, y ciertamente no necesitas tomar un voto de silencio sólo para activar la voz del razonamiento interior.

Hay muchas personas, tanto del pasado como del presente, que participaron activamente en sus comunidades y mantuvieron una vida social vibrante, pero eran estoicos incondicionales o, al menos, practicaban los principios estoicos. Si necesitas tomarte un tiempo libre de las presiones de la vida, por supuesto tómalo. Esta es una necesidad humana primaria. Pero tampoco ignores la otra necesidad humana primaria de conectarse. La clave es el equilibrio.

4. Los estoicos no tienen emociones

Esto puede caer dentro del ámbito de la primera idea equivocada de la lista, pero tuve que separar esto de la austeridad debido a su importancia para nuestra vida cotidiana. El humano medio experimenta una variedad de emociones. Algunas de estas emociones son muy edificantes, mientras que otras son aplastantes para el alma. En el esquema más amplio de las cosas, algunas de estas emociones son la defensa biológica de nuestro cuerpo contra las amenazas a nuestra persona.

Elegir vivir sin estas experiencias emocionales es exactamente lo contrario de lo que enseña el estoicismo. La pena te ayuda a sobrellevar la pérdida, el miedo te mantiene alerta ante el peligro, e incluso la ira sirve para fortalecerte y protegerte. La lógica estoica te permite experimentar estas emociones, pero te entrena para evitar que dicten tus acciones - incluso cuando estás en tu estado más irritado, tus acciones serán guiadas por el pensamiento racional.

Claro, el estoico promedio no va a tener una rabieta cuando el camarero mezcle su pedido. Eso no significa que no se haya enojado por ello. Simplemente elige reaccionar de una manera que es más productiva para la situación. Así que, si por casualidad, te apuntaste a esto porque esperabas convertirte en un humano insensible, puede que tengas que reconsiderar tus opciones.

5. El estoicismo es duro

Creo que esto es más bien una cosa milenaria. Estamos tan acostumbrados a la vida con sólo apretar un botón que pasar por cosas que requieren un proceso puede parecer tedioso. Quieres ir a tu rincón de meditación, conectar tu pulgar con tu dedo, respirar profundamente y exhalar todos tus problemas.

El estoicismo no funciona así. Es un proceso de toda la vida. Cada día se vive con un esfuerzo concienzudo para ser conscientes de todo lo que hacemos. Si esperas corregir ciertos comportamientos, construir tu confianza y vivir la buena vida, tendrás que acostumbrarte a la idea de aplicar la lógica estoica todos los días.

6. La práctica del estoicismo elimina el libre albedrío

La lógica estoica abarca el papel que el destino juega en nuestras vidas. Esto significa esencialmente que tienes que aceptar tu lugar y posición en la vida. La mayoría de las personas ha interpretado esto en el sentido de que se espera que simplemente nos demos la vuelta y nos hagamos los muertos ante las circunstancias - esto no podría estar más equivocado.

La lógica estoica aboga por que la gente analice su situación objetivamente. En el proceso de análisis de lo que está pasando, son capaces de entender realmente lo que está bajo su control y lo que no. Este tipo de pensamiento los pone en armonía con la situación, porque han ganado comprensión de la verdadera naturaleza de lo que enfrentan. Y es con este conocimiento que pueden tomar acciones que traerán los resultados más deseables.

Capítulo siete

El estoicismo en la vida cotidiana

"Cuando te levantes por la mañana,
piensa en el precioso privilegio de estar vivo
para respirar, para pensar, para amar, para disfrutar."
Marco Aurelio

Practicar el estoicismo en los tiempos modernos no es tan diferente de ser un cristiano, un budista, o de practicar cualquier costumbre o creencia que prevalezca en tu comunidad. No es una religión, sin embargo, es una forma de vida. Los practicantes simplemente reflexionan sobre las enseñanzas, y luego intentan, en la medida de lo posible, involucrar sus mentes con temas y pensamientos que ofrezcan mejores opciones para sus vidas. Los estoicos son más proactivos en su vida cotidiana: no se acuestan, no se despiertan y no esperan a que la vida les suceda mientras realizan sus actividades del día. En cambio, hacen lo mejor que pueden para anticipar los desafíos del día y trazar las acciones correspondientes a esos desafíos.

Meditan en las cuatro virtudes cardinales: fortaleza, justicia, templanza y prudencia; y tratan de imaginar cómo pueden tener que emplear cada una de estas virtudes en el día. Esto no quiere decir que puedan predecir los eventos del día. Sin embargo, son capaces de programarse para manejar mejor las sorpresas que la vida les depara. La "programación" de la mente estoica se hace participando en diferentes ejercicios estoicos, que pueden incluir el imaginar el peor escenario posible para el día. Aquí, el estoico piensa en el peor evento que podría ocurrir ese día, y luego construye su mentalidad para ser indiferente a esta tragedia. Este ejercicio se llama el círculo de los Jerocles.

Esto no significa necesariamente que el estoico quiera que esta tragedia ocurra. Obviamente, preferimos que nos sucedan cosas buenas. Pero este tipo de entrenamiento pone tu mente en un estado en el que eres capaz de eliminar tu sentido de valor y autoestima del evento. Si eres como la mayoría de la gente, tu mayor temor sería la pérdida de tu fuente de sustento. Con la mentalidad estándar, una pérdida así podría llevar a la depresión, al pánico y a otras emociones negativas que pueden instigar reacciones negativas. Este ejercicio le ayuda a eliminar ese miedo. Así que, incluso si ocurre, eres capaz de vivir por encima de esta crisis.

Para algunas personas, este tipo de pensamiento puede parecer morboso, especialmente si su peor temor es su propia muerte. A menudo, estos miedos nos impiden vivir nuestro día a día. Conozco a una mujer que apenas escapó de su matrimonio por los pelos, debido a su marido abusivo. Con la ayuda de amigos y familiares, pudo llevarlo a la justicia y enviarlo a la cárcel. Fue una victoria temporal para ella, porque su sentencia se convirtió en un reloj de cuenta regresiva que le provocó ansiedad y ataques de pánico.

Ella saltaba de su sueño en un estado de miedo, pensando que ese día sería el día en que su marido saldría libre. No podía aceptar trabajos, tenía miedo de comprar una casa, y ni siquiera podía disfrutar de un simple momento con la familia porque en cualquier momento, su exmarido podría entrar por la puerta. Practicó el ejercicio del círculo de los Jerocles. En esos momentos de meditación, desenterró cada horrible versión de su pesadilla. Donde era arrastrada por su pelo en las calles, donde la asesinaba mientras dormía, era sangrienta y, en las etapas iniciales, era desconcertante.

Pero ella se mantuvo en ello. En sus propias palabras, las visiones se volvieron menos aterradoras con el tiempo hasta que se encontró tratando de inventar escenarios más aterradores para aumentar el nivel de miedo. Sin embargo, la verdad era que había vivido sus peores miedos y esto le abrió una nueva puerta. Se apuntó a clases de defensa personal, no porque quisiera luchar, sino porque le ayudaba a sentirse más segura. Se acercó más a su familia y se abrió más a sus amigos. La parálisis impuesta por el miedo cesó en el momento en que superó sus miedos. Este es sólo un ejemplo de cómo el estoicismo puede ser aplicado en su vida.

Otro beneficio relevante de la práctica del estoicismo es su capacidad de ayudar a centrarse en el presente. Hay tantas cosas que suceden a nuestro alrededor en la vida, tantas pasiones, tantos sueños, tantas oportunidades y, en la misma línea, tantos miedos. La incertidumbre del mañana es lo que nos impulsa a muchos de nosotros en un nivel fundamental. La perspectiva de pagar esas pesadas y recurrentes facturas nos tiene sentados en nuestros escritorios día tras día, trabajando en trabajos que no nos interesan. Nos conformamos con relaciones que nos causan más daño que bien, porque tenemos miedo de estar solos.

En situaciones en las que se supone que debemos hablar por nuestros derechos, permitimos que nuestros miedos nos silencien, pero más que nada, pasamos nuestros días preocupándonos. Nos preocupamos por lo que podría haber sido, lo que debería haber sido, y lo que habría sido. Algunos de nosotros nos preocupamos más por el pasado. Errores y acciones anteriores nos persiguen e impiden que disfrutemos de lo que está sucediendo ahora. Entonces, tienes gente que es exactamente lo contrario, que vive el momento, pero por razones equivocadas.

Estas son las personas que viven sólo para sus deseos y pasiones. Deben comprar ese nuevo abrigo de otoño. Deben tener el último teléfono. Si todo el mundo lo hace, debe estar bien que ellos también lo hagan. Es como tirar de cuentas a lo largo de una cuerda que no tiene fin. No paran de coger una cuenta tras otra. Nunca experimentan la felicidad, nunca disfrutan realmente del momento. Todo lo que hacen es querer más. Esta es la pesadilla de vivir en estos tiempos modernos. La práctica del estoicismo puede mantenerte en el presente. Séneca lo dijo de esta manera:

"Las mayores bendiciones de la humanidad están dentro de nosotros y a nuestro alcance. Un hombre sabio se contenta con su suerte, sea cual sea, sin desear lo que no tiene."

No necesitas abrazar el estoicismo en su totalidad. Puedes hacer ejercicios estoicos que sientas que te acercarán a tus objetivos. A lo largo del resto de los capítulos, compartiré algunos de estos ejercicios y ofreceré guías para ayudarte a integrarlos en tu rutina diaria.

Capítulo ocho

Las cuatro virtudes cardinales del estoicismo

"Todo lo que oímos es una opinión, no un hecho.
Todo lo que vemos es una perspectiva, no la verdad."

Marco Aurelio

No se puede practicar el estoicismo sin comprender primero sus virtudes cardinales. El origen de estas virtudes no está claro, pero son anteriores a las primeras enseñanzas estoicas. Tal vez yendo aún más atrás de los tiempos de Platón. Si miras en Internet, puedes encontrar diferentes variaciones de las palabras típicamente usadas como las cuatro virtudes cardinales. Esto se debe a la dificultad de traducir los antiguos textos griegos al inglés. También está el conflicto de perspectiva. El único diccionario filosófico que se conoce que ha sobrevivido de los tiempos del griego antiguo viene de la era de Platón, lo que significa que la definición se da desde una perspectiva platonista. Desafortunadamente, no hay definiciones de la era estoica.

Sin embargo, dados los materiales de que disponemos, podemos comprender mejor lo que pensaban los estoicos. Miraremos cada virtud individualmente:

Phronêsis: Prudencia o sabiduría práctica

Esta es la más importante de las virtudes estoicas y se refiere a nuestra capacidad de discernir el bien del mal. Se cree que la sabiduría es la única virtud, mientras que las otras tres virtudes cardinales que discutiremos en breve son simplemente sus aplicaciones primarias. Viendo que la sabiduría es esencialmente un razonamiento práctico, tiendo a estar de acuerdo con ese pensamiento.

La sabiduría es la base de toda la lógica estoica, porque no se pueden tomar decisiones y acciones acertadas si no se tiene una comprensión clara de lo que es bueno y lo que es malo. En esta aplicación, lo bueno no se refiere a lo que apela a los sentidos. El olor de un buen tazón de sopa caliente puede ser muy atractivo para quien lo percibe, pero eso no le atribuye automáticamente el valor moral del bien. El tazón de sopa pertenece a la categoría preferida de los indiferentes. Comer este tazón de sopa no te convertirá en una buena persona o una persona terrible, es la forma en que consumes la sopa, ya sea que la robes o la cocines, lo que se clasifica como bueno o malo.

La sabiduría es la comprensión de la verdadera naturaleza del bien. Con esta comprensión, eres capaz de atribuir valor a diferentes cosas externas de manera racional. Bajo las enseñanzas estoicas, un sabio no es sólo alguien que puede diferenciar entre el bien y el mal. Para que una persona se llame a sí misma sabia, debe ser capaz de ofrecerse a sí misma consejos sabios. En otras palabras, la sabiduría es un proceso internalizado.

Dikaiosunê: Justicia o moralidad

De nuevo, esta es un área en la que tenemos problemas con la traducción directa de la palabra. Cuando se escucha la justicia, se puede pensar que esto se refiere al sentido legal de la palabra, pero esa definición no es suficiente para encapsular la verdadera referencia estoica de esta virtud. Mientras que un aspecto de esta virtud implica un estado en el que somos obedientes a las leyes de la tierra, va mucho más profundo que esto.

La moral, por otra parte, tampoco abarca completamente el significado estoico de la palabra.

En este caso, estamos hablando de hacer lo correcto o, como algunos quisieran decir, vivir una vida recta. Si eres del tipo religioso, puedes llegar a llamarlo rectitud. Sin embargo, entre la moralidad y la justicia, podemos entender de qué se trata esta virtud.

En términos prácticos, la justicia o la moralidad es la aplicación de la sabiduría en las interacciones sociales. Hemos establecido que la sabiduría es el conocimiento del bien y del mal, y la habilidad de distinguir claramente entre ambos. Una cosa es saber algo, y otra cosa es actuar sobre ello. En tu trato con la gente, la justicia/moralidad se refiere a la sabiduría que aplicas al relacionarte con ellos. Tu respeto y trato a los demás no se basa en su estatus, género o en los beneficios que ofrecen. Más bien, haces una elección deliberada para ser justo e imparcial.

Sôphrosunê: Templanza o moderación

En algunos libros, esto se conoce como autodisciplina o autocontrol. En la vida, casi siempre estamos en un constante estado de necesidad. Y, la mayoría de las veces, nuestros deseos no son siempre los mismos que nuestras necesidades. Nuestra carnalidad es impulsada, por lo que, en libros como la Biblia, se refieren como los "deseos de la carne". "

Toda la fuerza de ventas en el mundo está construida sobre este concepto. Enciendes la televisión para ver a un chico guapo corriendo y, sin tantas palabras, estás programado para pensar que, para conseguir ese cuerpo, necesitas correr y para que tu carrera se sienta bien, necesitas los zapatos que él lleva. Este estímulo de tu deseo es tan fuerte que incluso si tienes 10 pares de zapatos deportivos alineados en la parte de atrás de tu armario, todavía sientes que necesitas este zapato.

Este tipo de sentimiento se amplifica en áreas de nuestras vidas que tienen que ver con la satisfacción de nuestros impulsos de placer. Esta virtud se trata de templar esos instintos que impulsan nuestros deseos. Es, en esencia, la aplicación de la sabiduría al tratar con las tentaciones.

Andreia: Fortaleza o coraje

El miedo es otra prominente emoción impulsora detrás de la mayoría de nuestras decisiones. Encuentras gente que trabaja hasta los huesos porque tienen miedo de no poder permitirse las cosas que quieren. A veces viven una vida estancada y no progresiva, evitando deliberadamente los riesgos que los impulsan hacia adelante, incluso si esos riesgos están apoyados por su pensamiento racional o su sabiduría.

Esta virtud otorga la capacidad de actuar con la sabiduría que ha discernido, aunque no sea exactamente convencional. La sabiduría es fantástica, pero sin la aplicación de la sabiduría, es sólo otra cosa agradable que se piensa o se dice. Esta virtud también se asemeja a la resistencia. Pero de esa manera triste y sufrida que te hace víctima de las circunstancias. Pero de una forma envalentonada que te ve enfrentando tus más profundos miedos y no actuando sobre ellos. Más bien, lo superas para pensar y actuar lógicamente. Puedes decir que la fortaleza es la sabiduría aplicada en la adversidad.

Capítulo nueve

La práctica del infortunio

"Dígase a sí mismo en la mañana temprano:
Me reuniré hoy con los desagradecidos, los violentos,
hombres traicioneros, envidiosos y poco caritativos.
Todas estas cosas han llegado a ellos
a través de la ignorancia del verdadero bien y el mal...
No puedo ser dañado por ninguno de ellos,
porque ningún hombre me involucrará en el mal,
ni puedo estar enfadado con mi prójimo u odiarlo;
porque hemos venido al mundo para trabajar juntos".

Marco Aurelio

El optimismo es bueno. La esperanza es buena. Mantener una perspectiva positiva de la vida es bueno. Estas son herramientas vitales en el mundo en que vivimos hoy en día. Pero si quieres prosperar, si realmente quieres vivir la buena vida y te has encontrado luchando con esto, tal vez sea hora de tirar las gafas de color de rosa y entrar en la oscuridad por un minuto. Para las personas que se han caracterizado por su capacidad de mantener una actitud alegre hacia la vida, mirar a otro lado podría compararse con violar su naturaleza, pero escúchenme.

Durante mucho tiempo, se nos ha enseñado a creer en conceptos como la suerte, la gracia, las bendiciones sobrenaturales, etc. Mientras que algunos pueden negar la existencia de estas cosas, sería perjudicial vivir nuestras vidas con la esperanza de que una de ellas (si no todas) nos suceda. La realidad es que la vida se parece más a un juego de ajedrez, requiere estrategia y una planificación cuidadosa. Para desarrollar y ejecutar una estrategia bien pensada, hay que ver el cuadro desde todos los ángulos, anticipando los mejores y los peores escenarios. Esto puede sonar morboso, pero quédate conmigo.

El movimiento de "*hashtag blessed*", tan extendido en las redes sociales, así como en nuestra vida cotidiana, no es lo que parece. Esa persona que parece haber tenido suerte pasó por un proceso del que usted no es del todo consciente. En el estoicismo, hay una creencia generalizada de que la suerte es simplemente una oportunidad de reunión de preparación. Excepto en la mayoría de los casos, estas personas "afortunadas" llegan a su temporada favorita sin ninguna preparación deliberada de su parte. Los estoicos no se tropiezan con su temporada. Se preparan adecuadamente y, cuando llega el momento adecuado, lo aprovechan. ¿Pero cómo se preparan para algo que no está exactamente dentro de su control?

Para empezar, tienes que dejar de pensar que eres sólo alguien a quien la vida le pasa. Obviamente, sería ilusorio pensar que tienes alguna forma de control sobre el universo. ¿Recuerdas la ilustración del barco en el mar que usé antes? No hay manera de que puedas dictar la dirección del viento o el movimiento de las olas, y ciertamente no la intensidad de la tormenta. Sin embargo, eso no significa que cada vez que tu barco zarpe, pierdas tu posición como capitán. El timón sigue en tus manos, sólo tienes que activar tu gorro para pensar. Aquí hay algunas cosas que puedes empezar a hacer:

1. Sal de tu zona de confort.

El dicho general, "si está roto, no lo arregles", es una mentira que alimenta la ilusión que muchos de nosotros llamamos "optimismo". "La realidad de la vida es la constancia del cambio. Si no determinas el cambio que definitivamente vendrá, el cambio que viene determinará tu destino.

2. Esperar lo peor, pero también esperar lo mejor.

Tenemos el hábito de tomar decisiones basadas en el mejor de los casos mientras vivimos con el temor de lo peor. Esta es la fuente de la ansiedad y el miedo. En cambio, desarrollar el hábito de tomar acciones basadas en los peores temores, viviendo con la esperanza de que ocurra lo mejor. Esto no quiere decir que tu miedo deba guiar tus acciones. Los ejercicios estoicos de los que hablaremos más adelante aclararán esto.

3. Sé deliberado en tus esfuerzos.

Cada día no debería ser sólo otra serie de rutinas sin sentido. Rompe los patrones, pero no seas impulsivo al respecto. Piénsalo bien y asegúrate de que al final de tu proceso de pensamiento, seas capaz de establecer de forma concluyente acciones que apoyen lo que has discernido.

Ejercicios estoicos que ayudan en la práctica de la desgracia

1. Practicar la pobreza

Casi puedo imaginarme esa ceja disparándose hasta la línea de tu cabello mientras lees esto. Quiero decir, después de todo lo que hice para convencerte de que el estoicismo no es un voto de pobreza, el primer ejercicio estoico que comparto es decirte que practiques la pobreza. Parece una locura, pero en un minuto, tendrá sentido. La comodidad es una forma de esclavitud, porque condiciona tu felicidad a las cosas que tienes. La pérdida de esas cosas resultaría en una gran perturbación de su vida. Más que eso, afectaría negativamente a tus emociones y te haría reaccionar de la misma manera. La cantidad de suicidios registrados durante la gran depresión financiera de Estados Unidos ilustra esto.

La práctica de la pobreza implica tomarse unos días al mes para vivir de forma conservadora, muy por debajo de sus posibilidades. Durante este período, comerías muy poco, e ignorarías esa cómoda cama para dormir en el suelo frío y duro. Si puedes, vístete con tus ropas más raíles. Esencialmente, deberías familiarizarte con el estado de necesidad. Los beneficios de este ejercicio son que te mantiene en contacto con la realidad y te ayuda a llegar a un lugar donde puedes apreciar las cosas que te dan consuelo sin depender de ellas como fuente de felicidad. Al hacerlo, eres capaz de ver esas "cosas" como lo que realmente son. Ya sea que se trate de tu trabajo, tu casa o tu riqueza, el objetivo es ser capaz de disfrutar de ellas, no ser esclavizado por ellas.

2. Practica lo que temes

Como humanos, es instintivo querer alejarse lo más posible de la cosa que tememos. Nuestra necesidad de distanciarnos de nuestros miedos es tan intensa que, a veces, nos lleva al punto de la negación. Nos negamos a reconocer la amenaza, y el precio que pagamos por esta negación puede ser muy alto. En el otro extremo del espectro, hay gente que va a extremos para evitar lo que más temen. De cualquier manera, nos privamos de vivir al máximo de nuestro potencial, porque estamos siendo retenidos por nuestros miedos.

Sé de alguien que vino de una familia donde el cáncer de mama era frecuente. Esta fue la época en que el manejo del cáncer no incluía algunos de los avances médicos que se hacen hoy en día. Esto significaba que había muchas muertes por cáncer en la familia, lo que hacía que las mujeres y algunos hombres vivieran con miedo. Durante mucho tiempo, esta mujer vivió a la sombra de la enfermedad. Se creyó el lema de "vivir en el momento", pero de la peor manera posible: gastaba el dinero tan rápido como podía ganarlo, y rara vez hacía planes más allá de la semana siguiente.

En la superficie, parecía estar viviendo la vida. Era divertida, enérgica, y siempre alegre. Pero en su corazón, sus miedos la carcomían. Rechazó trabajos, propuestas de matrimonio, y básicamente cualquier oportunidad que tuviera perspectivas de futuro. Por casualidad, se vio envuelta en un accidente que casi le quita la vida. Acostada con dolor en su cama de hospital la obligó a confrontar su miedo. Se dio cuenta de que el cáncer no era lo único que podía matarla. Así que, allí mismo, decidió hacerse la prueba. Pensó que, si podía sobrevivir a ese accidente, podría sobrevivir al cáncer. Así fue como se liberó de sus miedos.

3. Eliminar tu ignorancia

¿Alguna vez te has preguntado por qué tienes miedo? Tengo una intensa fobia a las serpientes. Normalmente se me describe como calmado y tranquilo, y soy capaz de mantener este ambiente incluso bajo la más intensa situación de alta presión. Pero si se añade una serpiente resbaladiza y viscosa, pierdo la calma de la forma más embarazosa que se pueda imaginar. Mi reacción fue inexplicable. Sentí como si fuera algo que estaba programado para sentir. Una noche, estaba viendo un documental, escuchando a este explorador hablar sobre las serpientes y su misión de asegurar la supervivencia de cierta especie. Me sorprendió que a alguien le importara lo suficiente como para hacer esto. Pero cuanto más escuchaba, más me daba cuenta de que, a su manera, las serpientes también son hermosas. Y sí, una fracción de ellas son venenosas, pero a través de los ojos de este explorador, pude ver su belleza.

Mi miedo a las serpientes se basaba en la información estereotipada con la que me alimenté toda mi vida. Pero en el momento en que sustituí esa ignorancia por el conocimiento de los hechos, mi miedo se redujo en un grado significativo. Pero no asumas nada, no hay posibilidad de que tenga una serpiente como mascota en un futuro próximo, y sigo pensando que la forma en que se mueven es súper espeluznante. Aun así, no estoy tan aterrorizado como lo estaba antes.

En este ejercicio, necesitas secar el pozo de la ignorancia que alimenta tu miedo haciendo las preguntas correctas. Por ejemplo, puedes tener miedo de perder tu trabajo, por el rumor de reducción de personal que has escuchado. Habla con tus colegas y revisa tu desempeño para ayudar a determinar si tus temores son válidos. Luego, has las preguntas difíciles. ¿Es la pérdida de un cheque de pago o la perspectiva de encontrar un nuevo trabajo lo que te asusta? Las respuestas que obtengas te darán la confianza para enfrentar el futuro y, lo más importante, desmitifica tu miedo. Porque la verdad es que lo que realmente nos asusta no es necesariamente la cosa o el evento en sí, sino la interpretación a menudo exagerada de nuestra mente.

Capítulo diez

El entrenamiento de la percepción

"Actuáis como mortales en todo lo que teméis,

y como inmortales en todo lo que deséis."

Lucius Annaeus Seneca

Cualquiera que me conozca sabe que soy un gran fan de los documentales de vida silvestre. Por supuesto, si me dieran a elegir, elegiría mi jungla de concreto cualquier día, pero eso no es ni aquí ni allá. El punto es que la vida silvestre me fascina. Así es como descubrí algo muy interesante sobre la forma en que los leones cazan en la naturaleza... y no se parece en nada a lo que nos mostraron en *El Rey León*.

Cuando los leones cazan, ya sea en manada o solos, acechan a su presa. Tienen un proceso de selección de esta presa, que podría basarse en una serie de factores como la conveniencia de la presa, su vulnerabilidad, etc. Y cuando el león pone sus ojos en la presa, se mantienen enfocados en ella hasta que sienten que el momento es el adecuado. Entonces, lanzan un ataque. Si este ataque ocurre donde la presa seleccionada está en medio de otra presa, se produce una estampida mientras los otros animales tratan de escapar del león.

En medio del caos, verás cascos volando a izquierda y derecha, pero el león mantiene su atención en la presa que ha seleccionado. Si examinan los fragmentos de estos ataques, encontrarán que, en el medio de la persecución, otras presas probablemente podrían haber llegado al plato del león con muy poco esfuerzo, pero debido a que no son la presa seleccionada, los leones pierden esa oportunidad. Este escenario también se presenta en nuestras vidas. Tenemos las cosas que deseamos, y a menudo las perseguimos con un enfoque único. En la búsqueda de nuestros objetivos, muchos de nosotros desarrollamos una visión de túnel, que hace imposible ver nada excepto lo que más deseamos. Y debido a esto, tendemos a perder oportunidades aún mejores, como el león.

Este tipo de comportamiento también prevalece en nuestras relaciones. El mundo tiene más de siete mil millones de personas viviendo en él, y aun así, tenemos millones de personas que están experimentando la soledad hasta el punto de la depresión. Esto no se debe a la ausencia de personas en su entorno, sino a su percepción de las personas que pone una barrera que impide la formación de relaciones genuinas. Para vivir la buena vida, es importante entrenarse para ver las cosas desde la perspectiva correcta. Cuando digo la perspectiva "correcta", no me refiero a lo bueno o a lo malo, simplemente hablo de una visión de la vida que te permite aprovechar y maximizar las oportunidades y las relaciones.

Este tipo de pensamiento puede ser aplicado a nuestras emociones también. Hoy en día, vivimos en un mundo en el que parece que todo el mundo es demasiado sensible a todo. En el coloquialismo moderno, la gente se desencadena fácilmente. Un padre que impone la disciplina puede ser fácilmente interpretado como una forma de violación o abuso de los derechos del niño. Su decisión de apoyar sus creencias personales puede ser vista como un acto de discriminación. Y a menudo, estamos en el extremo receptor de ese palo. Nos vemos a nosotros mismos como víctimas, y a veces lo somos, así que todo lo que oímos puede parecer un ataque directo a nuestra persona o a nuestra forma de vida. Las redes sociales se han convertido en una plataforma que amplifica las voces, ya sea tu propia voz o las voces de los demás. Y, dada la cantidad de tiempo que dedicamos a estas plataformas, no es sorprendente que parezca que estamos constantemente en un estado de activación.

Pero, como nos enseña la virtud estoica de la sabiduría, es nuestro deber discernir entre el bien y el mal y comprender la verdadera naturaleza de las cosas. Esto sólo puede hacerse si nos entrenamos para ver las cosas de manera un poco diferente. La percepción es la fuerza detrás de la creatividad. Con el tipo correcto de percepción, se puede crear una experiencia que levante e inspire alegría, independientemente de las circunstancias negativas que la rodean. Marco Aurelio lo expresó perfectamente:

"Elija no ser dañado y no será dañado. No te sientas dañado y sentirás que no lo has sido. "

He esbozado algunos ejercicios estoicos que puedes aplicar diariamente para ayudarte a entrenar tu percepción.

1. Poner el obstáculo al revés

Este es un ejercicio que tiene como objetivo convertir una experiencia negativa en una fuente de bien. Funciona tomando algo que puedes describir como una enorme espina en tu costado y viendo cómo puede convertirse en una bendición para ti. Cuando pensé en una ilustración para esto, lo que me vino a la mente como padres. Si eres el padre de un niño de fuerte voluntad, entiendes lo que es estar al límite de tu ingenio, donde estás a punto de arrancarte el pelo de la cabeza porque no puedes conseguir que hagan algo tan simple como tomar un baño. Puede ser una experiencia frustrante, o puede ser una oportunidad para aprender y aplicar la paciencia. Tu jefe loco en el trabajo puede ser una oportunidad para aprender habilidades de gestión de personas, y tu miseria en el trabajo puede presentarte una manera de averiguar lo que te hace feliz.

2. Aclarar tus pensamientos

A menos que hayas vivido bajo una roca la mayor parte de tu vida, es probable que muchas voces se formen de la forma en que piensas. Las primeras voces fueron las de tu familia, pero también tienes a tus amigos y compañeros de la escuela, así como a tus profesores que usaron los libros (las voces de los demás) para impactarte. Y no olvidemos tus experiencias en la vida. Todas estas cosas te permiten mirar la estructura externa de una manzana y decidir si es saludable y suficientemente buena para comer. Sin embargo, también aplicamos estas cosas a nuestro trato con la gente, así como a nuestras experiencias en la vida. Esto nos sirve hasta cierto punto, pero también puede ser limitante a medida que desarrollas nociones preconcebidas de cómo deberían ser las cosas, cómo debería comportarse la gente, etc. Tu perspectiva estrecha de miras te limita a disfrutar de la gente o de los momentos. Para aclarar tus pensamientos, tómate un tiempo cada día para aislarte del mundo. Deja a un lado cualquier opinión personal que tengas sobre la gente y examina los hechos de la situación. Esto te da una visión pura, no contaminada por ningún prejuicio. Con esta percepción, puedes alterar la realidad de tu situación.

Capítulo once

Manteniendo el equilibrio con Eupatheiai

"La felicidad de tu vida depende de la calidad de tus pensamientos."

Marco Aurelio

Si nunca has deseado algo tanto que afecte a tu capacidad de dormir por la noche, no estoy seguro de si debo felicitarte o sentir lástima por ti. Pero mis pensamientos sobre el asunto están fuera de lugar. Sólo quería llamar su atención sobre la intensidad de nuestras pasiones y lo lejos que pueden llevarnos. Hay una clara diferencia entre la pasión y el deseo, aunque a menudo las usamos indistintamente. El deseo tiene más que ver con sus deseos, mientras que las pasiones son más una necesidad. Los deseos tienen un efecto más sedentario, mientras que las pasiones son conocidas por iniciar guerras globales. ¿Por qué hablo de esto, te preguntarás?

La vida estoica, como establecí antes, no es una vida sin pasiones. Es mi creencia personal que es imposible ser apasionado y estoico al mismo tiempo, porque el estoicismo se trata de ser fiel a su naturaleza y, como humanos, estamos creados para ser apasionados. El estoicismo te enseña a controlar tus pasiones, y la única manera de permanecer apasionado por la vida sin dejar que tus pasiones te controlen es encontrar el equilibrio. En el capítulo anterior, hablamos sobre el entrenamiento de tu perspectiva, y esto tiene un montón de grandes beneficios mentales. Uno de ellos es ayudarte a obtener una visión equilibrada. En un sentido general, los ejercicios discutidos aquí son útiles, pero si tu problema es más profundo que eso, necesitas ejercicios más enfocados.

La palabra griega para pasión describe la pasión como emociones que son irracionales, excesivas, y en su mayoría no saludables. Un ejemplo común de emociones que pueden caer en esta categoría es la ira. Todos experimentamos ira en algún momento, ya sea que ocurra como una irritación leve o una rabia consumidora. La intensidad de la ira depende de lo que se desencadene por el evento que la provocó en primer lugar. El verdadero factor distintivo es cómo reaccionamos a la ira que se desencadena en nosotros. Algunos tienen una reacción pasivo-agresiva mientras que otros pueden elegir ignorar el incidente con la esperanza de que la ira desaparezca. Pero la ira nunca desaparece realmente si no la manejas; sólo retrocede al fondo donde continúa acumulándose como el temporizador de una bomba hasta que, un día, hay un despliegue explosivo de ira.

Un ejemplo histórico de reacción a la ira en extremo es la historia de Alejandro Magno, que mató a uno de sus amigos más cercanos en un ataque de rabia. Inmediatamente se arrepintió de sus acciones y estaba tan consumido por el dolor, que no pudo comer ni dormir durante tres días. Puede que no hayas llegado a este extremo para expresar tu rabia, pero sin control, podrías hacer algo de lo que te arrepentirías más tarde. Emociones como los celos y la codicia también pueden tener un efecto devastador. Los griegos llamaron a todas estas pasiones "patéticas". Para controlar lo patético, tienes que reemplazarlas con eupatheiai, que son exactamente lo opuesto. Un buen ejemplo de una emoción que puede ser clasificada como eupatheiai es la alegría. Viendo que no podemos eliminar quirúrgicamente esas emociones negativas y reemplazarlas por otras felices, hay ejercicios estoicos que puedes hacer para frenar tus impulsos y, como mínimo, ralentizar tus reacciones. Si te encuentras luchando con la ira, la envidia y la depresión, hay una gran posibilidad de que tu capacidad de ser racional se haya visto comprometida. Su mente, en este estado, se tambalea hacia pensamientos que promueven la auto agencia, por lo tanto, es probable que estés desequilibrado. Para nivelar la escala, intenta los siguientes ejercicios:

1. Recuerda que todo es temporal

Nada en la vida dura para siempre, y esto se aplica a las cosas que nos hacen emocionales de una manera no saludable. Vuelve a tu adolescencia, cuando sentías que, si no asistías a esa fiesta de la que tanto se hablaba, morirías. Tus padres se mantuvieron firmes y tú no asististe, pero ¿adivina qué? No te moriste. Y puedo apostar que, si tuvieras la oportunidad de asistir a esa fiesta como tu actual yo, lo encontrarías bastante patético. Lo que quiero decir es que, ahora mismo, lo que te preocupa puede parecer abrumador, pero en unos días, meses o años, ni siquiera importará. No tiene sentido tomar acciones que puedan tener un efecto duradero para algo que es efímero. Recuerda siempre que esto también pasará.

2. Recuerda que eres pequeño

A veces, nuestra riqueza y estatus en la vida nos hace pensar que somos increíblemente importantes. La incapacidad del mundo para tratar a todos por igual alimenta esta tontería. Puede que encuentres hombres y mujeres que son tan obviamente bellos, que piensan que su propia existencia es un favor para el resto del mundo. A medida que el orgullo se establece, pueden comenzar a tratar a la gente de maneras horribles. Pero la verdad es que, en el gran esquema de las cosas, somos una mancha tan pequeña que ni nuestra presencia ni nuestra ausencia afecta a la vida. Puede que seas tan rico que tengas mucha gente cuyo sustento depende de ti, pero estarías terriblemente equivocado si piensas que en el momento en que salgas de sus vidas, dejarán de vivir. La ira es a veces un subproducto del orgullo. Recuerda el infinitesimal papel que juegas, y podrías ser capaz de mantener esas malsanas emociones bajo control.

3. Deja que la historia sea tu maestro

Esta vez no hablo de tu historia, sino de la de los grandes hombres y mujeres que le precedieron. Sus mayores logros, así como sus mayores fracasos, podrían ayudarte a alimentar tu ambición y, al mismo tiempo, a humillarla. Pero nunca uses la historia para justificar tus acciones. Si tus objetivos te llevan al punto de una obsesión enfermiza, una lección de historia podría ser lo que necesitas para ayudar a mantener tu ambición viva sin comprometer tus valores. La historia es como una especie de espejo y si te miras de cerca, podrías encontrar tu reflejo en las vidas de aquellos que te precedieron. Pero también expone una verdad evidente: las acciones de las personas son lo que les sobrevive. Egipto tuvo hermosos edificios arquitectónicos durante su tiempo, pero nadie recuerda quién los construyó. El tiempo puede hacerte obsoleto, independientemente de tus logros.

4. Ten en cuenta que la muerte llega a todos

Hemos establecido que todo es temporal. Todas esas cosas bonitas que quieres con tanta pasión tienen una fecha de caducidad. Incluso si eres capaz de obtenerlas, la propiedad de esa cosa es temporal. Incluso la vida que vives no puede durar para siempre. Así que, cuando te sientes deslizándote en ese espacio donde tu ambición supera a tu virtud, reflexionar sobre el hecho de que la muerte es el final de todo puede ayudarte a mantener tus emociones bajo control. Reflexionando sobre estas verdades, puedes someter gradualmente tu pateiai y abrir la puerta para que tu eupatheiai reine.

Capítulo doce

El punto de vista de Platón

"Si uno ha cometido un error y no lo corrige,

uno ha cometido un error aún mayor."

Platón

Platón, como sabes, fue uno de los grandes. Sus enseñanzas fueron estudiadas por los primeros estoicos y aunque no estaban de acuerdo con él en ciertas cosas, sus obras sentaron una buena base para algunos principios estoicos. Por el bien de este capítulo, nos centraremos en el punto de vista de Platón sobre el idealismo. El idealismo es un aspecto de la filosofía donde la realidad se afirma como la conocemos a través de nuestra propia construcción mental. En otras palabras, creamos nuestra propia realidad. La palabra en sí misma nació de la palabra griega *idein,* que significa "ver". "En términos más amplios, el idealismo está destinado a representar el mundo como podría ser o como debería ser. No lo confundas con el optimismo, que es esencialmente la esperanza en el futuro éxito de algo. El idealismo reconoce el estado actual de las cosas, pero toma acciones basadas en lo que la situación tiene el potencial de llegar a ser.

Con esto establecido, traigamos las cosas de vuelta a nuestra situación de la vida real. Voy a usar nuestras relaciones para ilustrar esto. Típicamente tenemos una idea firme de cómo nos gustaría que se desarrollara cada relación en nuestras vidas. Estos ideales de relación son los que forman la base de nuestras expectativas. Queremos que nuestras parejas, amigos, familia e incluso perfectos extraños piensen, actúen y se comporten de cierta manera. Tener ideales y expectativas para las relaciones es bueno, pero si estos ideales se extraen del lugar equivocado, simplemente te estás preparando para el fracaso. Hablemos del romance.

Durante años, Hollywood y los escritores románticos nos han dicho lo que el amor está destinado a ser. Las damas quieren ser barridas de sus pies, y los hombres han sido programados para buscar a esa damisela en apuros. Todos entramos en relaciones con estas expectativas. Pero entonces, la realidad nos muestra un lado diferente de las cosas. Los hombres están tan ocupados tratando de ser proveedores que tienen muy poco tiempo para atender las necesidades emocionales de sus parejas. Lo único que buscan es una señal obvia de angustia, que los lleve a intervenir y mostrar su virilidad. Las mujeres, por otro lado, ya no esperan ser rescatadas, se han vuelto mucho más fuertes. Aunque ahora hay menos escenarios en los que se encuentran en apuros, sus necesidades emocionales siguen siendo muy altas. No muchos hombres reconocen esto, por lo que a menudo se encuentran mujeres que no están emocionalmente satisfechas en sus relaciones.

Los ideales que Hollywood nos ha transmitido hacen difícil prestar atención a las cosas que realmente importan, como la forma en que nuestros socios resuelven los conflictos, la forma en que manejan el rechazo y la calidad de nuestra comunicación. En cambio, nos centramos en el sexo, los regalos materiales, y todo lo demás glamoroso de las películas que amamos. Así que, cuando conocemos a nuestras parejas potenciales, las vemos a través de gafas de color rosa que las hacen parecer perfectas. Nuestros instintos pueden advertirnos de ciertas cosas que parecen fuera de lugar, pero normalmente preferimos aferrarnos a esa idea de perfección en lugar de enfrentarnos al problema en cuestión. Es como una mujer que entra en una tienda de diseño para comprar un bonito par de zapatos rojos de la talla 12, pero se va con un par verde de la talla 8 y espera que para cuando llegue a casa, se transforme mágicamente en lo que realmente quiere. Esto suena ridículo, pero esto es lo que hacemos en la mayoría de nuestras relaciones.

El enfoque estoico para resolver esto es sacar primero tus ideales del lugar correcto. Hay muchos libros y recursos que hablan de las relaciones y ofrecen consejos para escapar de los obstáculos que la mayoría de las parejas encuentran. Pueden parecer el lugar correcto para extraer los ideales de su relación; sin embargo, debe recordar un hecho crucial. Cada relación tiene su propio ADN. Cualquier recurso que encuentres sobre el tema sólo puede ofrecer una perspectiva única, así que tienes que ir a algún lugar que te dé una visión a vista de pájaro de las cosas. Y una persona que realmente nos enseña a hacer esto es Platón (y ahora sabes por qué lo mencioné al principio).

La vista de Platón se denomina vista desde arriba porque cuando la canaliza correctamente, es capaz de ver todo a la vez. Esto ayuda a reorientar tu juicio sobre la gente. También humilla tu evaluación de la situación, lo cual es muy útil si eres el tipo de persona que oye un saludo de una posible pareja e inmediatamente empieza a oír campanas de boda. Identifica tus prioridades en una relación con este ejercicio estoico que ayuda a obtener la vista de ese pájaro:

Intenta ver todo de una vez

Esto es difícil, ya que tenemos la tendencia a ser miopes. Aunque te hayas entrenado para pensar a largo plazo, tus objetivos pueden ser tu propia autopreservación. Y, en la escala universal de las cosas, ese tipo de pensamiento en sí mismo es miope. Ver todo a la vez es mirar las cosas desde todos los ángulos que se pueden explorar. Cuando Marco Aurelio describió la visión de Platón, lo expresó de esta manera:

"Siempre que quieras hablar de la gente, es mejor tomar la vista de pájaro y ver todo a la vez - reuniones, ejércitos, granjas, bodas y divorcios, nacimientos y muertes, salas de justicia ruidosas y espacios silenciosos, cada pueblo extranjero, vacaciones, monumentos, mercados - todo mezclado y dispuesto en un par de opuestos."

El mundo, dicen, es ahora una aldea global y hasta cierto punto, esto es cierto. Pero ver el mundo a través de estas "lentes" reduce nuestra perspectiva de la vida. Digamos, por ejemplo, que estás tratando con las opiniones negativas de los demás. Damos crédito a estas voces y limitamos nuestro potencial a estas críticas porque sentimos que estas opiniones son importantes.

Tómate un momento para acallar las voces y piensa en la bulliciosa vida que se desarrolla a tu alrededor. La interminable charla, el ciclo de la vida, las simples actividades mundanas de la gente... ¿Influyen o afectan estas opiniones negativas a la vida en lo más mínimo? No. Claro, las palabras pueden doler, pero son como aviones de papel lanzados a una roca. Sólo pueden tener un impacto si amplificas el sonido. Esta vista aérea te da una perspectiva que revela la grandeza del universo y minimiza la ilusión de los papeles individuales de la gente dentro de él. Esencialmente, las opiniones de otras personas no son realmente tan importantes.

Capítulo trece

Memento Mori (Recuerda la muerte)

"No es la muerte lo que un hombre debe temer,
más bien debería temer no empezar a vivir nunca."
Cita estoica

Uno de los ejercicios estoicos de los que hablé antes tenía que ver con recordar que la muerte llega a todo el mundo. Memento Mori pretende llevar ese concepto un paso más allá. Más que ser un símbolo de cambio, busca iniciar una reflexión sobre la propia mortalidad. Una vez leí un libro de relaciones que llevó a los lectores más profundamente en los recovecos de la mente masculina. El objetivo del libro, esencialmente, era ayudar a las mujeres a entender cómo trabajan los hombres, y utilizar esa información para manipular a los hombres para que les den lo que quieren. Muchas de las cosas discutidas en el libro son cosas con las que yo estaría de acuerdo, hasta cierto punto, pero también soy de la opinión de que, aunque esas cosas puedan ser verdaderas, no son correctas.

Un tema que destacó fue la idea de que el valor de un hombre está determinado por su trabajo. En otras palabras, si un hombre ama su trabajo, es probable que este hombre se ame a sí mismo, y viceversa. Mi desacuerdo es el hecho de que atribuimos esta cualidad a un género específico. Esta es una generación y una época en la que el valor de una persona está determinado por la sustancia que posee, independientemente del género. Esto no quiere decir que este tipo de pensamiento comenzó hoy, de hecho, esto ha sido frecuente a través de los tiempos. Se da un trato preferencial a los que tienen más. Si usted está en el extremo receptor de este tratamiento preferencial, es fácil que este poder se le suba a la cabeza.

Puedo verle sentado en su silla y juzgando a alguna figura política por hacer exactamente esto, pero, verá, los dedos apuntan hacia usted - este abuso de poder no se limita a la élite. También perpetuamos este comportamiento en nuestros rincones del mundo. ¿Cómo se ha comportado desde que obtuvo ese ascenso en el trabajo? ¿Se ha aprovechado de su posición a expensas de los demás? Hay una razón por la que dicen, "el poder corrompe, y el poder absoluto corrompe absolutamente." De la misma manera que dicen, "el dinero amplifica el carácter de un hombre." Así que, si tienes un problema con el ego cuando apenas te las arreglas financieramente... ...hacerte rico sólo hará que ese defecto de carácter sea aún más notorio. Cuando tenemos este tipo de poder, empezamos a sentirnos invencibles. Empezamos a pensar que estamos exentos de la ley y que ciertas cosas no se aplican a nosotros. Esto es muy peligroso, porque puedes empezar a actuar de forma imprudente. Y cuando eres imprudente, corres el riesgo de autodestruirte. Por eso cuando la gente aparentemente normal consigue una posición de poder o riqueza, simplemente la "pierden".

Sin embargo, es crítico que mencione aquí que ni la riqueza ni el poder son malos ni buenos. Esta es una perspectiva estoica, y nadie ilustra esto mejor que el propio Marco Aurelio. Este hombre era uno de los más poderosos en un imperio que se consideraba uno de los más poderosos del mundo en ese momento. El tipo de poder que él ejercía sólo puede ser descrito como ese poder absoluto, que es famoso por corromper a los que lo poseen. Sin embargo, Marco era humilde, justo en todos sus tratos y un hombre de verdadera fuerza de carácter. Demostrando que es posible ser poderoso, rico y aun así ser una fuerza para un bien increíble. Y, aunque puede sonar como si estuviera hablando de un personaje fantástico sacado directamente de un cómic de Marvel, te aseguro que hay gente normal como esa en nuestra vida diaria y no, no nacieron de esa manera - requiere una inmensa autodisciplina a diario. Los ejercicios de los que hablamos pueden ayudarte en el área de frenar el comportamiento insalubre excesivo, pero si te encuentras tomando decisiones imprudentes que te ponen en peligro a ti y a los que te rodean, o quizás tu ego está compitiendo con el universo, necesitas una saludable dosis de humildad.

En el estoicismo, por cada virtud que buscamos, hay un vicio correspondiente que hay que desarraigar. El objetivo es sustituir el vicio por la virtud. Ahora, tú y yo comenzamos este viaje porque quieres vivir la buena vida. Hemos definido lo que es la buena vida desde una perspectiva estoica. Un elemento crucial de esta vida es mantener la armonía con el universo. Hice este rápido viaje de vuelta al principio para centrarnos, porque la humildad es algo con lo que muchos de nosotros luchamos. He oído a la gente cuestionar el propósito de la humildad. Creemos que es una cualidad que nos mantiene en la cuneta con la gente que consideramos indeseables. Pero sin humildad, puede que nunca puedas salir de tu zona de confort. Durante demasiado tiempo, hemos identificado el miedo como la razón principal por la que muchos de nosotros queremos quedarnos donde estamos, y sí, el miedo puede detenernos. Pero el ego es lo que te hace estar estancado. Cuando empiezas a pensar que lo sabes todo, que lo tienes todo, creas cadenas que te anclan a ese punto de la vida. Para romper esas cadenas, pasa tus mañanas meditando en escenas guiadas por los siguientes procesos de pensamiento:

1. Ver tu muerte vivamente

Leí sobre un grupo de estoicos primitivos que ocasionalmente celebraban un banquete en presencia de un cadáver. Esto es una locura, al igual que la idea de ver tu muerte, pero sólo si no lo entiendes. Y el punto aquí es encontrar la respuesta a esta pregunta. ¿Qué tan grande será tu ego cuando estés a dos metros bajo tierra? Nadie mira un cadáver y se maravilla de su inteligencia o de lo rico que era. La mejor cualidad que se le puede atribuir a un cadáver es que se ve "descansado", y ni siquiera las habilidades artísticas del mejor funerario pueden cambiar esto. A pesar de la creencia común en la vida después de la muerte, su influencia sobre los vivos cesa el día que mueren. El efecto de la muerte en el cuerpo de una persona rica e influyente es exactamente el mismo que en el de un pobre don nadie. La muerte, que es el final concluyente de todas las cosas, no presta atención a las cosas que te hacen pensar que eres mejor que todos. En lugar de reflexionar sobre esas cosas superficiales que alimentan tu ego, medita sobre tu muerte y reconoce que, al final, ninguna de esas cosas importa, todos encuentran el mismo fin.

2. Reconocer que el mañana no está garantizado

Si eres una de esas personas a las que les gusta postergar las cosas, meditar sobre esto podría ayudarte a ser más proactivo. Si también estás luchando con tus relaciones, este ejercicio de meditación puede ayudar a poner las cosas en perspectiva. Tenemos una tendencia a dar las cosas por sentado. Abusamos de la gracia de despertarnos para ver cada día. No apreciamos a los que están en nuestras vidas, porque damos por sentada su presencia. ¿Qué es lo que más lamentarías si murieras ahora mismo? Si puedes hacer algo al respecto ahora, hazlo y deja de postergarlo. Dile a los que te importan cuánto los aprecias.

Capítulo catorce

Reconocer los límites

"La vida es como una obra de teatro: no es la duración, sino la excelencia de la actuación lo que importa. "
Séneca

La oración de la serenidad fue escrita en algún momento de los años 30 y se ha convertido en un mantra muy importante para cualquiera que busque corregir ciertos patrones de comportamiento. Y aunque tiene orígenes cristianos (la versión original fue escrita por un teólogo), tiene mucho en común con algo que Epicteto escribió en su época. Si no estás familiarizado con la oración de la serenidad, aquí está:

"Dios, concédeme la serenidad para aceptar las cosas que no puedo cambiar,

Valor para cambiar las cosas que puedo,

Y la sabiduría para saber la diferencia".

Epicteto, por otro lado, escribió:

"Haz el mejor uso de lo que está en tu poder, y toma el resto de lo que está en tu mano mientras sucede.

Algunas cosas dependen de nosotros y otras no. Nuestras opiniones dependen de nosotros, y nuestros impulsos, deseos, aversiones, en resumen, lo que sea que hagamos. Nuestros cuerpos no dependen de nosotros, ni nuestras posesiones, nuestras reputaciones, o nuestras oficinas públicas, o, es decir, lo que sea que no hagamos."

Las palabras son diferentes, pero el significado implícito es el mismo, a pesar de que una fue escrita unos pocos siglos antes de Cristo. Es un mundo de alta presión en el que vivimos. El pedestal del éxito es muy alto y como el éxito es obscenamente celebrado, sentimos aún más presión para lograr más. Para cada industria, hay un estándar y, tristemente, estos estándares son en su mayoría irreales e inalcanzables - aun así, eso no nos impide alcanzar esas cosas. La belleza, por ejemplo, se define ahora por tener pómulos altos y prominentes, labios gruesos y cejas perfectamente arqueadas. Vemos estas bellas modelos en las revistas y en la televisión, y las usamos como un criterio para definir nuestra belleza.

Creo que es que o bien elegimos ser ignorantes o simplemente no prestamos atención al hecho de que estas supuestas bellezas alcanzaron esa perfección con la ayuda de un maquillador que ha esculpido artísticamente el rostro de la modelo con las herramientas a su disposición. Y, en las áreas donde las habilidades del maquillador se quedan cortas, los fotógrafos profesionales usaron luces y sombras para realzar los mejores rasgos de la modelo. Y donde el fotógrafo no podía alcanzar la perfección, estaba el artista gráfico que usaba la tecnología para pulir cualquier defecto. En otras palabras, lo que hemos adoptado como la medida de la belleza es el producto de un grupo de personas cuyo objetivo es venderle un producto. Excepto que terminas comprando tanto el producto como su concepto de belleza.

El mismo proceso se aplica a la imagen corporal. Compramos una idea poco realista de la perfección y casi nos matamos, literalmente, para alcanzarla. Cuando éramos niños, nos programaron para ir a la escuela, obtener buenas notas, graduarnos como los mejores de nuestra clase, y tomar trabajos bien remunerados para atender un estilo de vida de alto perfil. Como si eso no fuera lo suficientemente estresante, todavía tienes que hacer tiempo para tener la vida amorosa perfecta, casarte y crear ese hogar ideal donde los niños se comporten bien las 24 horas del día y tu pareja te adore las 24 horas del día. El fracaso en lograr cualquiera de estas cosas activa condiciones como la depresión, la baja autoestima y una visión general negativa de la vida.

La realidad es que entrar en la vida con perfección como su expectativa se está preparando para la decepción. No existe la perfección. Aunque puede haber momentos que son perfectos, son sólo un fragmento en el tiempo. Si pasas tus días obsesionado con las cosas que quieres que sucedan, te perderás esos gloriosos momentos perfectos, y tu vida puede parecer una serie de acontecimientos tristes; incluso cuando tengas éxito en ciertas áreas, tu victoria sabrá a ceniza en tu boca porque no puedes superar tus emociones el tiempo suficiente para apreciar y celebrar tus hazañas.

Este ejercicio te ayuda a liberarte de la carga de estos momentos estresantes para que pueda conectarse con lo que es realmente importante. Al reconocer lo que está dentro de tu control, eres capaz de canalizar productivamente tu energía y recursos en actividades que mejorarán significativamente la calidad de tu vida.

1. Estar desnudo contigo mismo

Lo digo literal y figuradamente. ¿Cuándo fue la última vez que te paraste frente a un espejo de cuerpo entero para mirarte? Estar desnudo sin ropa, maquillaje o pelucas. No metas tu barriga, inclina tu cabeza para un mejor ángulo, o trata de cubrir cualquier defecto.

En el estoicismo, se nos enseña a aceptarnos a nosotros mismos como somos. Puedes creer en la lógica general que justifica nuestra discriminación personal contra nosotros mismos con la necesidad de convertirnos en una mejor versión de nosotros mismos. Sin embargo, esta lógica no tiene ningún valor si no eres capaz de apreciarte como eres. Mientras que tu cuerpo puede no estar a la altura de los dictados actuales para el cuerpo perfecto, todavía tienes muchas cosas que apreciar del cuerpo que tienes. Mientras haces este ejercicio, también tienes que recordarte a ti mismo que las tendencias se desvanecen. Para las mujeres, hubo un tiempo en que el cuerpo delgado era la delicia del momento, y eso hizo la transición a la era que dirigió sus lentes de perfección al tipo de cuerpo más voluptuoso. Tienes que tratar de no tomar las tendencias demasiado en serio, porque tu cuerpo te va a servir por el resto de tu vida natural.

2. Haz las preguntas correctas

El estrés ha recibido mucha mala prensa por ser el precursor de las enfermedades cardíacas, los problemas de presión arterial, y un sinnúmero de otras enfermedades crónicas. Se sabe que el estrés proviene de nuestra participación física, emocional o mental en actividades que nos llevan fuera de nuestra zona de confort. Aunque salir de la zona de confort es esencial para el crecimiento, el proceso de transición no siempre es fácil. Cuando te encuentres en situaciones altamente estresantes, da un paso atrás y pregúntate a ti mismo, ¿sobre qué tengo control? ¿Qué puedo hacer realmente sobre la situación, y debería hacerlo realmente? Las respuestas pueden ayudarte a determinar lo que depende de ti y evitar que te obsesiones con lo que no.

Capítulo quince

Diario

"El ocio sin libros es la muerte y el entierro de un hombre vivo."

Lucius Annaeus Seneca

Todos hemos escuchado esto en algún momento. Cuando era niño, solía ver este ejercicio como la forma más importante de tratar con mis emociones. A medida que crecí, leí más, y en general obtuve más conocimiento, he llegado a ver el diario como una de las maneras más efectivas de no confrontar las emociones. Llegué a esta conclusión mucho antes de que me diera cuenta de los grandes estoicos que, resulta que, están de acuerdo. Antes de seguir explicando cómo se desarrolla esto en nuestras vidas y lo que los profesores estoicos tenían que decir, me gustaría disipar la noción de que el diario es algo femenino. Muchos de nosotros asumimos que el diario es un "querido diario", y la mayor oda de Hollywood a los diarios masculinos es el Diario *de un niño debilucho* que no hace mucho para eliminar el estigma de género que lleva consigo. En realidad, fuertes figuras históricas como Albert Einstein,

Charles Darwin, Leonardo da Vinci, y Thomas Edison eran conocidos por llevar diarios. Por lo tanto, no dejes que la idea de que el diario puede ser emasculante, se interponga en tu camino.

En el estoicismo, se espera que empieces el día visualizando el resultado (para mí, este es uno de los ejercicios estoicos más geniales), y que termines el día reflexionando sobre todo lo que ha sucedido. Puede sonar agradable sentarse con una buena copa de vino y repasar los acontecimientos del día, pero si realmente quieres hacer todo el asunto de la vida deliberada -que es de lo que trata el Estoicismo- tendrás que sacar un bolígrafo y un cuaderno y empezar a escribir. Aprecio que algunos de nosotros tenemos la memoria de un elefante y podemos recordar hasta los más pequeños detalles, pero el diario te ayuda a tener una visión más amplia de las cosas. Pero ese no es el único beneficio de los diarios:

1. Proporciona una salida para tus emociones

Una de mis amigas de la infancia que luchaba contra la ira pudo controlar sus arrebatos y mejorar sus relaciones con los demás a través del diario. Siempre que se sintió provocada, en lugar de arremeter contra ella -que era su típica reacción cuando se sentía así- optó por verter todos sus sentimientos en su diario. Al principio, era como una tabla pintada de emociones crudas. Pero a medida que evolucionó, se dio cuenta de que empezó a escribir descripciones más constructivas de sus emociones, lo que le dio una visión más objetiva de la situación. Su ira nunca desapareció por completo, pero fue capaz de reaccionar de forma menos agresiva.

2. Ayuda a promover la conciencia de ti mismo

Ciertas cosas de ti mismo saldrán a la luz cuando empieces a escribir un diario, y puede que te sorprendas. Por ejemplo, puede que haya situaciones que te molesten y con las que hayas tenido que luchar. Pero debido a que está lidiando con los síntomas y no con la causa principal del problema, nada parece estar funcionando. Y, la mayoría de las veces, no eres consciente de esto. El diario te conecta con tus pensamientos más íntimos y, aunque el cuadro completo puede no aparecer con sólo una noche de diario, obtendrás las respuestas que necesitas con consistencia.

3. Ayuda a empujarte hacia tu objetivo

Nada hace más clara tu visión que escribirla. Cuando tienes todas estas cosas que quieres hacer y lograr, pero la vida sigue lanzando obstáculos y desafíos, puede terminar distrayéndote si no estás concentrado. Escribir tus objetivos te da claridad de propósito, y cuando tienes un fuerte sentido de propósito, eres capaz de hacer estrategias efectivas para alcanzarlos.

Podría escribir un libro entero sobre los beneficios de los diarios, pero tiene sentido seguir con ellos para el propósito de este libro. Escribir un diario es sólo una mitad de la ecuación, leerlo es la otra. Para disfrutar de todos los beneficios de los diarios, tienes que imbuirte del hábito de escribir y leer lo que has escrito. Puede ser un poco tedioso, ya que eres el autor y ciertamente sabes lo que pones en tu diario. Sin embargo, el objetivo de este ejercicio es obtener una visión más profunda de lo que haces y por qué lo haces. Para ayudarle a obtener los máximos beneficios de esto, aquí hay algunas cosas que puede hacer:

1. Elije un tema para escribir

Tienes la libertad de escribir sobre cualquier cosa que ocurra en tu vida, pero ganas más de la experiencia si reduces el tema. Puedes empezar con tus pensamientos y esperanzas del día, y cómo piensas lograr tus objetivos diarios. O, podrías decidir escribir sobre tu último incidente emocional. Hablar sobre tus reacciones y por qué crees que reaccionaste de esa manera.

2. Usa tus palabras

Tu diario no tiene que competir con el último bestseller del mercado. No necesita llenarlo con una impresionante lista de palabras difíciles de pronunciar sólo para parecer inteligente al lector (que probablemente sólo seas tu). Este es un momento íntimo contigo mismo, y no necesita ser adornado. Todo lo que necesitas es honestidad. Esta es otra oportunidad para estar desnudo contigo mismo. Usa las palabras con las que te sientas más cómodo, y deja que vengan a ti. Además, no te preocupes si apenas estás llenando una página las primeras veces. Eso también vendrá con el tiempo.

3. No leas para criticar tu trabajo

Lo más probable es que encuentres un montón de momentos de temor cuando revises tu diario. Tal vez fue la forma en que reaccionó a algo, o alguna idea equivocada previa que tenía sobre una persona o situación. De cualquier manera, vas a encontrar algunos momentos no tan orgullosos. Abraza esos defectos y véalos como una oportunidad para crecer y ser mejor. Dicho esto, obsesionarse con unas cuantas "I" que se olvidaron de puntear y las "T" que se olvidaron de cruzar es una total pérdida de tiempo. Guarda esa actitud para proyectos escolares o comunicaciones con empleadores y clientes.

4. Elegir tiempos específicos para el diario

Si eres el tipo de persona que es capaz de concentrarse en medio del caos, te felicito. En su mayor parte, escribir un diario requiere un tiempo y un espacio tranquilo donde puedas pasar tiempo a solas con tus pensamientos y sentimientos. Pero el momento adecuado depende de lo que quieras lograr. Por ejemplo, puedes escribir un diario al principio o al final del día si quieres ser consistente en la consecución de tus objetivos. Si escribes un diario cuando te sientes emocionalmente activado, tu objetivo es ejercer control sobre tus reacciones.

Capítulo dieciséis

Premeditatio Malorum (La premeditación del mal)

"Deberíamos llamarnos cada noche a una cuenta;

¿Qué enfermedad he dominado hoy?

¿Qué pasiones se oponen? ¿Qué tentaciones se resistieron?

¿Qué virtud he adquirido?

Nuestros vicios se abortarán por sí mismos si son llevados todos los días al altar".

Lucius Annaeus Seneca

Este es otro de esos ejercicios que pueden sonar mórbidos o espeluznantes cuando se toman al pie de la letra: Se espera que anticipes las mismas cosas que inconscientemente esperas que nunca te pasen. Incluso puedo entender por qué, aunque la gente respetaba a los primeros estoicos, se sentían más cómodos manteniéndolos lejos de sus hogares. Pero si te sientas y consideras este tema por un minuto, comienza a tener mucho sentido. La buena vida se trata de tener un equilibrio saludable. Mantener el enfoque en lo positivo en lugar de planificar lo que se ha etiquetado como "lo malo" te hace estar mal preparado para esas situaciones, que a menudo llegan, lo queramos o no. Por supuesto, nunca se desarrolla completamente de la forma en que lo imaginamos, pero sucede de todas formas.

Una verdad de la vida que nunca estamos dispuestos a aceptar es que nos pasan cosas malas incluso cuando hemos trabajado duro para ganar las cosas buenas de la vida. De hecho, no puedo pensar en ninguna persona (con corazón) que se acerque a alguien que esté experimentando una tragedia y diga que se merece lo que está recibiendo, aunque la persona que se enfrenta a esos tiempos difíciles sea increíblemente cruel y en general no le guste, aun así no le deseamos lo peor. Si nos sentimos así con las personas que no nos gustan, es fácil imaginar cómo nos sentiríamos con nosotros mismos y con los que amamos, especialmente cuando se encienden nuestros instintos de autoconservación. Y, si soy sincero, no hay nada malo en querer lo mejor para uno mismo, pero te estarías haciendo un gran perjuicio si no te preparas para lo peor.

Si el nombre del ejercicio te molesta, en vez de llamarlo la premeditación del mal, piensa en él como un ejercicio de seguridad. Casi todos los edificios públicos de cualquier sociedad civilizada tienen un simulacro de seguridad, que normalmente consiste en una serie o secuencia de rutinas que están pensadas para ser ejecutadas en caso de un incidente que amenace la seguridad del edificio o de las personas en él. Para que estas rutinas de seguridad se desarrollen y perfeccionen, las personas que las establecen deben anticiparse a algo terrible que pueda comprometer la seguridad. Eso no quiere decir que esperaran activamente que ocurrieran cosas terribles. De hecho, se puede ver que están haciendo todo lo posible para asegurarse de que la tragedia no suceda. Pero reconocen que un cambio en el estado de seguridad del edificio es inevitable, y en lugar de hacer girar sus pulgares, pusieron medidas de seguridad en su lugar. A menudo, incluso van más allá para conseguir que el personal recree situaciones potencialmente amenazadoras y luego llevan a cabo una rutina que mantendría a todos a salvo.

De esto se trata este ejercicio. Ya sabemos que la única constante en la vida es el cambio. Así que, aunque vivamos en esta burbuja fortificada que nos hace sentir seguros y protegidos de cualquier cosa que pueda dañarnos, lo sabio es apreciar con qué hemos sido bendecidos mientras nos preparamos para el evento que podría quitarnos todas esas cosas. Ahora bien, sólo porque te anticipes a las cosas negativas no significa que debas entrar en el modo de apocalipsis completo. Desde que la humanidad existe, siempre hemos vivido con el temor de ese día sombrío en el que el mundo entero se consumiría de un solo golpe. Algunos dicen que será una especie de desastre natural de enormes proporciones. Otros dicen que será un fenómeno religioso que separará lo bueno de lo malo. Mientras que el mundo ha tenido su justa cuota de desastres naturales, ha sobrevivido a través de los tiempos. En esencia, esto no debería ser tu preocupación. El huracán de la vida nos afecta a cada uno de nosotros individualmente, en diferentes fases de nuestras vidas.

Séneca tiene esto que decir sobre los males premeditados:

"Nada le sucede al sabio en contra de sus expectativas... ni tampoco todas las cosas le salen como él quería, sino como él pensaba y, sobre todo, pensaba que algo podía bloquear sus planes."

Lo que está diciendo, en esencia, es que este ejercicio te ayuda a prepararte para cualquier cosa que pueda interrumpir tus planes, mientras que te ayuda a averiguar cómo utilizar esas interrupciones en tus planes para tu beneficio. Así que, ya sea que tengas una pérdida o una ganancia, estás bien preparado para ello. ¿Cómo haces exactamente este ejercicio?

1. Ensaya tu día

Comienza tu día visualizando cada aspecto de él. Piensa en lo que les pasaría a tus seres queridos si de repente sufrieras una tragedia. ¿Serían atendidos? Digamos que tienes una presentación que hacer en el trabajo. ¿Qué pasaría si hubiera un fallo en el sistema informático? ¿Cómo sería capaz de hacer una presentación excelente, a pesar del contratiempo? ¿Qué pasa si al cliente no le gusta lo que se está presentando? ¿Tienes un plan de respaldo? Revisa cada evento importante que pueda ocurrir a lo largo del día.

2. Practica la calma

Frente a la calamidad, tendemos a perder el ingenio, pero gastar nuestras energías de esta manera es una pérdida de tiempo improductiva - esto no hace nada para cambiar la situación. Parte de este ejercicio tiene como objetivo ayudarle a aceptar las realidades alternativas de su circunstancia. Aunque no está garantizado que esas cosas sucedan, debe prepararse para ellas emocional, mental y físicamente. Enfrenta tus miedos aceptando estas posibles realidades y planea en consecuencia.

3. Toma medidas.

Revolcarse en pensamientos de lo que podría o no suceder después de haber hecho tus proyecciones es imprudente. En su lugar, haz planes concretos y crea un "simulacro de seguridad" propio que tenga en cuenta las contingencias que has puesto en marcha, por si acaso algunas cosas no salen como has planeado. Sin embargo, mantén la cita de Séneca en el fondo de tu mente. Incluso con tu exquisito y bien pensado plan de respaldo, puede que las cosas no salgan exactamente como deseas, pero tus visualizaciones te preparan mejor para lo inesperado.

Capítulo diecisiete

Amor Fati (Destino de amor)

"Acepta las cosas a las que te ata el destino,

y ama a la gente con la que el destino te une,

pero hazlo con todo tu corazón."

Marco Aurelio

El destino es un concepto peligroso. La idea de que ciertos eventos en nuestras vidas están predestinados a suceder es algo con lo que todos luchamos. Nos hace sentir impotentes en nuestro intento de cambiar los eventos que dictan nuestra experiencia diaria, e incluso cuando llegamos a un lugar de aceptación, lo hacemos con abatimiento, tristeza y una actitud de "por qué yo". Ahora, cuando hablo del destino, no me refiero a lo que desayunaste. No, no estabas destinado a comer cereales esta mañana. Cosas como el desayuno están dentro de tu control porque tuviste la oportunidad de elegir. Un diagnóstico de algo terrible que no esperabas es el destino. Ganar la lotería del powerball en tu primer intento también implica la mano del destino. Básicamente, cualquier cosa que te pase sin que hayas elegido es el destino. Aunque hay excepciones, el destino no necesita tu permiso.

En línea con la costumbre de doble estándar de hoy en día, tendemos a celebrar el destino cuando nos favorece. No cuestionamos las abundantes bendiciones que recibimos, incluso cuando sabemos que no hicimos nada para ganarlas o merecerlas. Sin embargo, en el momento en que las cosas se tuercen, nos enojamos. Estos desafortunados reveses nos llevan a una espiral emocional descendente de la que tal vez nunca nos recuperemos realmente. Muchos de nosotros hemos hecho varios intentos de luchar contra el destino. Esta rebelión nos pone en un camino que claramente no tiene fin, pero nos comprometemos totalmente con él con la esperanza de que, de alguna manera, podamos frustrar el destino. Después de perder tanto tiempo y energía, llegamos a un punto en el que finalmente nos rendimos y nos entregamos, excepto que la mayoría de las veces, nos damos cuenta de esto un poco tarde, o después de haber perdido tanto tiempo y recursos tratando de evitar lo que debería haberse abrazado desde el principio.

No estoy diciendo que debas darte la vuelta y hacerte el muerto cuando algo que no predijiste te pase a ti o a la gente que amas. Ese sería un consejo ridículo. Pero una escena de una serie de televisión médica muy popular a menudo me viene a la mente cuando pienso en el destino, y creo que es la mejor ilustración del punto que estoy tratando de hacer.

En esta escena, había un padre soltero que vino al hospital con su hija enferma terminal. Esta dolencia fue diagnosticada desde que esta niña era un bebé y desde entonces se encargaron de su cuidado. Sin embargo, la niña sufrió una gran crisis de salud en esta escena y según los médicos, no había nada más que se pudiera hacer médicamente para mejorar las cosas para ella. De hecho, no pensaron que ella pasaría la noche. El padre preocupado comprensiblemente se negó a aceptar el veredicto condenatorio. En su lugar, salió corriendo, dejando a su hija al cuidado de los médicos mientras él se lanzaba a la búsqueda de una cura. Se quedó sin dinero, sin tiempo y sin ideas, pero estaba dispuesto a intentar cualquier cosa que ofreciera la posibilidad de salvar la vida de su joven hija. Naturalmente, fue desgarrador. Para un padre, es instintivo querer proteger a su hijo y él sólo siguió su instinto, pero al hacerlo, casi se perdió un momento que nunca hubiera podido perdonarse por haber desaparecido. Así que, si este momento era importante para él, ¿por qué estaba ahí fuera luchando contra ello? Porque no abrazó el destino.

Estamos preparados para esperar milagros, y aunque se sabe que los milagros ocurren, también caen dentro del ámbito de las cosas que no controlamos. No se puede manipular un milagro, al igual que no se puede manipular el destino. Pero al abrazar el destino, no asumes el papel de dormido, aunque lo parezca. La realidad es que tu aceptación te da poder. Marco Aurelio lo expresó de esta manera:

"Un fuego ardiente hace llamas y brillo de todo lo que se arroja en él."

El fuego es tu potencial. Los obstáculos, los desafíos y los caprichos del destino son las cosas que se lanzan al fuego. Tu decisión de no aceptar estas cosas no evitará que te sucedan. De hecho, podrías ver las brasas de tu potencial quemándose más rápido porque eres incapaz de llevarte a un lugar de aceptación. Séneca, que fue un esclavo, un lisiado, y más tarde se convirtió en uno de los hombres más influyentes de Roma, pongámoslo así:

"No busques que las cosas sucedan como tú quieres, sino que desea que lo que suceda, suceda como suceda; entonces serás feliz."

Tengo algunos ejercicios mentales que ayudarán a despertar una mentalidad dentro de ti que abraza esta filosofía estoica:

1. Ser equilibrado en tu pensamiento.

Cuando te pasan cosas, buenas o malas, entrénate para no reaccionar emocionalmente. Aunque tus instintos pueden ser egoístas, no siempre sirven a un bien superior. Piensa racional y objetivamente, y deja que tus acciones sean guiadas por esto. Durante tu proceso de pensamiento, evalúa la situación sopesando los peligros y riesgos que amenazan tu objetivo. Haga las preguntas correctas que proporcionen soluciones a los riesgos que ha enumerado, y luego actúa en consecuencia.

2. Ponte cómodo con la incomodidad.

Ya que has aceptado que no puedes cambiar lo que ha sucedido, pregúntate cómo puedes hacer que funcione a tu favor. Este ejercicio es particularmente bueno para las personas que han sufrido algún tipo de trauma. Por trágico que haya sido, ya ha sucedido. No hay vuelta atrás, no hay deshacer, y ciertamente no hay que olvidar. Pero tienes una opción: aceptarlo y redefinir tu experiencia, o luchar contra él y dejar que controle tu experiencia. Has escuchado la expresión, "Si la vida te da limones, has limonada. "Esto sólo significa hacer lo mejor de tu situación. Recuerdo haber perdido a un amigo cercano y, sí, su muerte fue dolorosa. Estaba atormentado por el dolor y no pude funcionar durante días. Pero mientras reflexionaba sobre su vida, me di cuenta de que podía celebrar su vida, que era gloriosa, o revolcarme en su muerte. Elegí la vida, y aunque todavía me duele no tenerlo aquí, puedo encontrar alegría al saber que tuve el privilegio de conocer a esta increíble persona.

Capítulo dieciocho

El poder de imponer el cambio

"Es el poder de la mente de ser inconquistable."

Séneca

Si lees la biblia cristiana, estarás familiarizado con la única historia que me parece un estoico moderno. Esto ocurrió durante una de las enseñanzas de Cristo, que era generalmente desagradable para los fariseos y saduceos - esencialmente los líderes de pensamiento espiritual y filosófico de su tiempo. Pero Jesús no necesariamente les temía y sus palabras explicaban por qué el hijo de un carpintero se mantuvo firme ante sus amenazas, su ira y sus acusaciones. Parafraseando, amonestó a sus seguidores a no temer a la persona que puede hacerles daño físico; en cambio, debían temer a quien puede dañar sus almas. Este no es un libro religioso, pero me inspiro en grandes líderes de pensamiento y, en su tiempo, Jesús fue uno de ellos. Lo que él dijo fue absolutamente poderoso y poderoso al mismo tiempo.

La mente es el arma más poderosa que posee la humanidad. No es su habilidad para llevar las mejores ropas lo que lo separa de los primates. No es tu músculo lo que te hace más poderoso que un león adulto, que es conocido por ser un fuerte y feroz depredador. Es tu mente. Si lo acicalas y lo alimentas bien, puede ponerte en una posición intocable en la vida. No es como si la vida no te pasara a ti. Por el contrario, cuando tu mente se ejercita de forma estoica, parece que experimentas la vida incluso más que una persona normal. Tu mente es la llave para desbloquear los verdaderos poderes del universo y, lo más importante, el proceso de apertura de tu mente está en tu mano. Nuestro concepto de poder universal fluctúa entre el cómico intento de Pinky. [de *Pinky y El Cerebro*] de seguir las órdenes de su amo en su intento de dominar el mundo, y las eternas batallas intergalácticas entre los humanos y otras especies. No culpo a la gente por pensar de esta manera; culpo a Hollywood. De acuerdo con las enseñanzas estoicas, todos somos parte del universo y alcanzar el poder universal simplemente significa dominar tu propio rincón. Y cuando digo dominar, no me refiero a la flota de coches en tu garaje o al exquisito jet privado que se encuentra en tu hangar, o incluso a las mansiones que posees en todos los continentes. Todas esas cosas son agradables de tener, pero es posible ser dueño de todas esas cosas y aun así no vivir la buena vida, y mucho menos dominar tu universo.

En general, la vida es muy dura, incluso para aquellos que parecen tener todo lo necesario para hacer frente a sus complicaciones. Aplicar los principios del estoicismo ayuda a trabajar con la mano dura con la que la vida nos trata a diario. Lo más desconcertante para mí cuando me encontré por primera vez con el concepto de Estoicismo fue el hecho de que, en el papel, suena tan simple. Quiero decir, todo lo que se espera que hagas es sentarte en tu casa y pensar en las cosas, y luego dejar que el resto suceda. Pero cuando se trata de la aplicación, es un proceso muy complicado. Creo que lo más desafiante para cualquiera es el hecho de que tienes que desenterrar y descartar los patrones de comportamiento y procesos de pensamiento que han estado arraigados en ti durante décadas. Se te ha enseñado a esperar y planificar las cosas buenas de la vida. Sabemos que no queremos que sucedan cosas malas, así que no planeamos para nada. Entonces, tienes este principio que te dice que te sientes y pienses en todo lo que podría salir mal antes de que el sol se ponga, y no sólo eso, se espera que planifiques esas cosas.

Cada principio estoico es algo que va en contra de la veta de nuestra educación, y por eso va a ser una tarea difícil. Vas a tener que trabajar muy duro para empujar el pesado barril de tu mente a la cima de esa colina. Es una batalla extremadamente dura, pero también es una experiencia muy gratificante cuando eres capaz de llegar a la cima. Sin embargo, la batalla no termina cuando llegas allí, sólo cuando llegas a la cima te das cuenta de que hay más colinas para subir y, en la verdadera tradición estoica, no puedes permitirte el lujo de sentirte demasiado cómodo con la colina que acabas de conquistar. Tendrás que arremangarte y aceptar el nuevo desafío. Con cada nueva colina que alcances, harás un avance en tu vida.

Otra cosa que encuentro particularmente fascinante de las enseñanzas estoicas es que tu experiencia, tu proceso y tu viaje es personal. Incluso si estás casado con hijos y tienes una gran familia muy unida, el estoicismo es un camino solitario. Ese proceso de "subir la colina" es uno que tomas solo. Puedes obtener información de otras personas, tal como lo hemos hecho con los grandes filósofos estoicos que mencioné en este libro. Puedes inspirar a otros de la misma manera que otros te han inspirado a ti, pero no importa cuán cerca estés de una persona, esto es algo que experimentas en solitario.

Para la gente que nunca se ha aventurado a nada por su cuenta, esto puede ser un proceso aterrador, pero el poder no es algo a lo que temer. Especialmente porque este no es el tipo de poder que se ejerce sobre la gente, sino sobre sus experiencias en la vida. Si has luchado con problemas de confianza, es probable que hayas dejado que las voces de los demás controlen tus pensamientos y acciones durante tanto tiempo que las tuyas se han quedado en silencio permanente. Sabes cómo te sientes, y tal vez lo que quieres, pero las voces de otras personas en tu cabeza te descalifican automáticamente, así que tímidamente te sientas y dejas que la vida haga lo suyo. Al reconocer la verdad -que estas voces no importan y que sus opiniones no controlan el resultado para ti- es posible bloquearlas y gradualmente potenciar la tuya que, en realidad, es la única voz relevante para tu viaje.

Puedes sacar fuerza haciendo eco de las palabras de los líderes de pensamiento que apoyan tus objetivos, pero al final del día, es tu voz la que ayudará a tu mente a crear la experiencia que quieres. De la misma manera, si has lidiado con la pérdida, puedes encontrar alegría al darte cuenta de que la muerte no es la finalidad de la vida. Si cambias tu percepción y ves las cosas desde la perspectiva de Platón, tu mente puede convertir esa experiencia en una que te dé un nuevo comienzo, y a todas las personas que quieras que se vean afectadas por ella. El fundador de Alcohólicos Anónimos convirtió su lucha contra la adicción en un programa que ha impactado y continúa impactando las vidas de millones de personas en todo el mundo. Este es el poder de tu mente.

Capítulo diecinueve

Estoicismo en la terapia cognitiva conductual

"Si realmente quieres escapar de las cosas que te acosan,

lo que necesitas es no estar en un lugar diferente,

pero ser una persona diferente."

Lucius Annaeus Seneca

A veces, las profundidades a las que nos hemos hundido en la vida nos hacen rezar fervientemente por una pizarra limpia que nos ayude a empezar de nuevo. La verdad es que, incluso si se te da una pizarra limpia, sin abordar realmente los problemas que hay a mano, es probable que termines creando exactamente los mismos líos de los que estás tratando de huir. La cuestión, entonces, no es la pizarra por la que rezamos, sino por nosotros mismos: las cosas que hacemos, las cosas que decimos y la forma en que actuamos, son los principales problemas que hay que arreglar. Desafortunadamente, no tenemos un botón de reinicio que podamos pulsar cuando comencemos a experimentar fallos, y luego simplemente volver con el programa. Pero si lo piensas, no es realmente desafortunado que tal botón no exista. Si Thomas Edison hubiera presionado el botón de reinicio después de cada uno de sus fracasos científicos, nunca habría podido convertirse en el inventor que reconocemos y respetamos hoy en día. Nos habló de sus muchos experimentos fallidos, pero no lo recordamos por eso. De hecho, sus errores le ayudaron a mejorar sus experimentos. De la misma manera, los errores que cometes como resultado de tus tendencias de comportamiento no necesariamente te definen. Y, como Edison, puedes mejorar. En unos pocos minutos, descubrirá cómo.

La terapia cognitivo conductual, o TCC, básicamente implica tomar una decisión consciente y un esfuerzo deliberado para corregir ciertos comportamientos que están teniendo un impacto negativo en su vida y retrasando su rendimiento en el área de los logros. La TCC no se limita a patrones de comportamiento específicos, sino que aísla los patrones que quieres reemplazar y aplica los principios estoicos. Antes de entrar en el meollo de esto, debes saber que es algo que requerirá esfuerzos deliberados de tu parte. El estoicismo es generalmente discutido como filosofía, pero tiene un efecto terapéutico muy fuerte porque se enfoca en reformular la mente. Se dice que Epicteto declaró que "la escuela de filósofos es la clínica del médico". Las enseñanzas del estoicismo tienen un enfoque preventivo y proactivo en la TCC, y en el centro de esto está el entrenamiento de la resiliencia emocional, clave para reemplazar los malos comportamientos con buenas prácticas. En lugar de simplemente responder a los instintos y reaccionar a las emociones, se enseña a dar un paso atrás, evaluar las emociones y, lo más importante, obtener una mejor perspectiva de la situación.

Hay tres áreas centrales que necesitan ser influenciadas por el Estoicismo para ponerte en el camino que efectivamente te ayude a corregir tus comportamientos, y eso es exactamente lo que vamos a explorar en el capítulo. Estas áreas centrales son tus pensamientos, tu voluntad y tus acciones. Presta atención a cada una de ellas, porque es casi imposible hacer un progreso genuino si estás experimentando un retroceso en un aspecto. Toma lo que aprendes aquí y aplícalo con sabiduría.

Tus pensamientos

Dicen que, de la abundancia del corazón, la boca habla. En otras palabras, lo que dices es un subproducto de lo que has estado pensando. Lo mismo ocurre con tus acciones. Tus pensamientos controlan tu visión del mundo y cómo percibes a la gente que te rodea, y es desde el asiento de tus pensamientos que se transmiten tus interpretaciones de las experiencias de la vida. Las cosas que haces están dictadas por lo que piensas. Por ejemplo, si te encuentras reaccionando con ira cada vez que alguien usa una determinada palabra o frase, esa reacción es simplemente una proyección de tus pensamientos sobre esa palabra o frase. Si reaccionas a una crisis emocional comiendo en exceso, es porque te has convencido de que la comida ayuda.

El fundamento de los principios estoicos implica reemplazar el vicio con la virtud, y esto se aplica también a lo que piensas. Entonces, necesitas considerar cómo piensas. Muchos de nosotros cometemos el error de pensar después de haber actuado, y esto impacta en nuestro comportamiento. Para poner tus pensamientos en el camino correcto:

1. Alimenta tu mente con materiales que promuevan el pensamiento positivo. Si debes leer algo que contiene elementos negativos que podrían comprometer tus emociones, sé objetivo en tu evaluación.

2. Haz preguntas. El hecho de que las cosas siempre se hayan hecho de cierta manera no significa que esta sea la manera correcta. Toma el punto de vista de Platón de la situación: mira todo desde todos los ángulos y haz tu evaluación desde esta perspectiva.

3. Maneja tus pensamientos de manera efectiva. Con tantas cosas luchando por nuestra atención, es fácil distraerse. Usa un diario para ayudarte a mantenerte enfocado en tus pensamientos. El diario también te ayuda a aislar los pensamientos problemáticos que alimentan las energías negativas.

Tus acciones

En nuestra configuración por defecto, reaccionamos más de lo que actuamos. Algunas reacciones son instintivas, pero otras son hábitos que hemos establecido durante un largo período de tiempo. Si alguna vez has sido abusado físicamente, puedes sentirte a la defensiva si alguien entra en tu espacio físico. Esta es una reacción instintiva. Para corregir las conductas instintivas, primero debes empezar a sentar las bases psicológicas. Empieza por llegar a la raíz del problema, en este caso, trata tu vulnerabilidad para dejar entrar a otras personas.

Para corregir los comportamientos habituales, es necesario tomar una decisión deliberada para implementar medidas accionables. Por ejemplo, si te encuentras durmiendo menos de cuatro horas cada noche, necesitas mirar las cosas que haces que te quitan el tiempo de sueño. Cosas como los hábitos telefónicos, las rutinas para dormir e incluso la dieta pueden jugar un papel importante. Cuando haya descubierto lo que le impide dormir, tome las medidas necesarias para corregirlo. La clave es llevar a cabo tus planes y hacer observaciones sobre la marcha.

Para cambiar efectivamente la forma en que haces las cosas, debes hacer lo siguiente:

1. Piénsa bien

No deberías despertarte una mañana, chasquear los dedos y decidir qué vas a cambiar la forma de hacer las cosas. A menudo, terminas chocando o perdiendo el interés mucho antes de lograr tus objetivos. Digamos, por ejemplo, que quieres perder peso. No te subas a la cinta de correr más cercana o te inscribas en el primer programa de dieta que tengas en tus manos. Piensa un poco más a fondo. ¿Por qué quieres perder peso? ¿Quieres un programa de pérdida de peso adecuado para tu estilo de vida? Estas preguntas te ayudarán a comenzar a elaborar el plan de acción adecuado.

2. Tener una visión clara

No importa cuán nobles sean sus intenciones, sin una visión, lo más probable es que te distraigas o, peor aún, que abras paso a la oscuridad en un intento de alcanzar tus objetivos. Consigue un diario y escribe lo que esperas lograr con tus acciones. Esto te ayuda a controlar tus actividades y también puede servir como fuente de inspiración que te motivará y te empujará hacia tu objetivo. Recuerda, para cambiar tus hábitos, tienes que ser más deliberado sobre las acciones que tomas.

3. Ser coherente.

Para crear hábitos sostenibles de por vida que sean beneficiosos para ti y para los que te rodean, vas a tener que ser constante. Los mejores atletas del mundo realizan una serie de actividades rutinarias a diario. Este entrenamiento puede ser brutal para el hombre promedio, pero para el atleta, la excelencia requiere de sacrificios, y el sacrificio exige compromiso. No puedes hacer algo hoy, luego ignorarlo y volver a ello con la esperanza de que puedas alcanzar tus objetivos. El estoicismo no funciona de esa manera, y si realmente quieres usarlo como parte de tu entrenamiento de TCC, necesitas disciplinarte para ser consistente y persistente.

Tu voluntad

Tienes tus acciones en un extremo del espectro y tus pensamientos en el otro. Tu voluntad es como el mediador entre los dos. Para que tus pensamientos se traduzcan en acciones, necesitas tu voluntad. Hay momentos en los que puedes sentir que no puedes ir más allá, o que tus objetivos ya no valen los sacrificios que tienes que hacer para llegar allí. Es tu voluntad la que te mantendrá en el juego, por así decirlo. Tu nivel de consistencia y tu capacidad para seguir siendo persistente incluso cuando no sientas que se puede atribuir a tu fuerza de voluntad.

Querer o desear hacer algo es muy diferente a tener la fuerza de voluntad para hacerlo realmente. Para fortalecer tu fuerza de voluntad, te recomendaría practicar el ejercicio estoico de entrenar tu perspectiva. Voltea el guion viendo los obstáculos que amenazan tu habilidad para seguir con el proceso como una oportunidad para transformarte. Cuando los atletas compiten, se enfrentan a oponentes que parecen más fuertes y más adecuados físicamente para el desafío, así como a aquellos que parecen más débiles y con menos probabilidades de ganar. Pero no los ves de nuevo fuera de la carrera simplemente porque se preocupan de que sus contrapartes puedan derrotarlos. Y, al mismo tiempo, no se vuelven arrogantes porque piensan que son mejores que sus oponentes. Simplemente entran en el juego centrándose en su propio rendimiento.

De la misma manera, cuando entras en el campo de la vida, tienes que mantener tu enfoque en ti mismo. Cuando los pensamientos negativos y los desafíos físicos vienen a distraerte, deja de luchar o de ceder a tus miedos. En su lugar, ve esto como la oportunidad que realmente es y úsala para encender tu ambición de ser mejor.

Capítulo veinte

El estoicismo en el tratamiento del dolor

"El que es valiente es libre."

Séneca

Cualquiera que le diga que el dolor es sólo un estado de ánimo debería recibir una bofetada en la cabeza, o mejor aún, debería ser enviado a la sala de partos para ver a una mujer dar a luz. El dolor es una reacción a un daño físico, mental o emocional. Y es un proceso perfectamente natural. Sin embargo, con la aplicación de los principios estoicos, puedes controlar la intensidad del dolor que sientes, así como la extensión del daño que puede causar. Es un concepto muy difícil de aceptar, pero no es tan extraño como pensamos. Hemos escuchado historias de personas brillantes que trabajan con agencias de inteligencia y están entrenadas para soportar las formas más horribles de tortura sin romperse. Se rumorea que las personas que trabajan en el ejército, la fuerza aérea o la marina reciben un entrenamiento similar de manejo del dolor en caso de ser capturados. Ahora, no vamos a ir todos en esto como la gente que trabaja con las agencias de seguridad del gobierno, pero hay algunos tipos de dolor que necesitan ser manejados.

Para este tema, discutiré los dos tipos principales de dolor que experimentamos: el dolor emocional y el dolor físico. En mi opinión, todo dolor proviene de estos dos tipos de dolor, y si puedes equiparte para lidiar con él, estás en una mejor posición para lidiar con todas las demás cosas. Pero antes de entrar en ello, hay algo que debes tener en cuenta. El dolor no es tu enemigo. No hagas que tu misión sea buscar formas de adormecerte. Hay una razón por la que tu cuerpo y tu mente fueron construidos con receptores de dolor. Pueden ayudarte a reconocer tus límites. Sin esos receptores de dolor, corres el riesgo de lastimarte más allá de la reparación. Sin dolor, pierdes la capacidad de funcionar como un ser humano normal. En un mundo que glorifica a los superhéroes, podemos aspirar a una vida en la que vivamos más allá del alcance del dolor. Pero si miras de cerca, verás que tus héroes favoritos también sufren. No viven más allá del dolor; simplemente han aprendido a vivir por encima de él. Abraza tu dolor, y cuando lo hagas, recuperarás el poder que tiene sobre ti.

Dolor físico

No dejes que nadie te diga que el dolor que sientes está en tu cabeza. Todos experimentamos el dolor a diferentes niveles. Mis seis podrían ser tus dos y tus diez podrían ser los cinco de alguien más. Esto no es algo para entrar en una competición. Es sólo una de esas realidades que vas a tener que aceptar. Dicho esto, hay varias técnicas que se pueden usar para controlar el dolor físico sin depender de la medicación. Estas prácticas se remontan a milenios atrás. Las mujeres emplearon estas técnicas para ayudarlas a sobrellevar los dolores del parto. Obviamente, las mujeres tienen muchas opciones de alivio del dolor para esto ahora, pero en el pasado, todo lo que tenían era un paño para masticar y algunos juegos mentales para superarlo. Ni siquiera voy a intentar comparar los dolores de una mujer en trabajo de parto con nada, porque se me ha dicho que a menos que uno lo supere, no lo va a entender. En su lugar, usaré un tipo de dolor más relacionado. Y lo encontré en uno de los más grandes emperadores que Roma haya conocido: Marco Aurelio.

Ahora, aquí estaba un hombre que sufría de úlceras estomacales crónicas, que le impedían comer ciertos alimentos y comer en ciertos momentos. También se sabía que tenía dolores en el pecho y tenía problemas para dormir. Es difícil diagnosticar con precisión lo que Marcus estaba pasando, pero basta con decir que tenía una cantidad increíble de dolor, con el que vivió la mayor parte de su vida. Su resistencia ha sido atribuida a su entrenamiento estoico. En unos pocos pasos, puede construir su propia resistencia mental al dolor.

1. No juzgues el dolor

Tenemos la tendencia a identificar el dolor como malo, pero cuando lo haces, desarrollas una respuesta instintiva que puede angustiarte aún más. Así que, el primer paso es salir de la caja del juicio. Como señalé antes, el dolor no es tu enemigo. Tampoco es tu amigo. Separa tu juicio del dolor de la experiencia de éste.

2. Cambia tu perspectiva

El dolor no te daña realmente en el sentido estoico, ya que no daña tu moral. Sin embargo, lo que te afecta es cómo reaccionas ante él, y revolcarse en el dolor se considera una reacción negativa. Así que, si no te está dañando realmente en las áreas que importan, ¿puede realmente lastimarte? La respuesta es no, a menos que lo permitas. En otras palabras, el dolor requiere tu permiso para causar daño de verdad.

3. Permanecer en el presente

Hay dos cosas que debe considerar al controlar su dolor. La primera es la percepción de su capacidad para afrontarlo, y la segunda es su percepción de la gravedad del dolor. Si crees que el dolor es demasiado grande y no puedes afrontarlo, lo más probable es que tu anticipación del dolor aumente el dolor en sí mismo. Deja de entrar en pánico y haz que tu mente se relaje. Manténgase concentrado en cada momento, porque cada momento le hará pasar al siguiente.

Estas técnicas estoicas ayudan a construir tu resistencia mental, así como tu nivel de resistencia. Puedes combinarlas con métodos de alivio del dolor físico como la respiración concentrada y ejercicios de meditación. Otras cosas que puede hacer para complementar sus esfuerzos incluyen el registro de su dolor. Sabemos de los dolores físicos de Marco Aurelio porque escribió sobre sus experiencias. Esto le da una mejor comprensión de lo que está tratando. Cuanta más comprensión tengas, mejor equipado estarás para afrontarlo. Los expertos médicos también recomiendan mantener un estilo de vida saludable, que incluye menos alcohol, más ejercicio (que libera endorfinas, el analgésico natural del cuerpo), y una dieta equilibrada.

Dolor emocional

Si pensabas que medir el dolor físico era difícil, la complicada naturaleza del dolor emocional te dejará muy confundido. Decir que todos estamos conectados genéticamente de diferentes maneras es un hecho obvio, pero esto también influye en la forma en que manejamos nuestras emociones. Reaccionamos a los traumas emocionales de manera diferente, y a veces, nuestras reacciones a estos traumas pueden limitar nuestra capacidad de funcionar como un ser humano. He tenido días en los que levantarme de la cama parece ser lo más difícil de manejar. Las personas que sufren de depresión pueden llegar a un punto en su dolor emocional cuando vivir ya no parece ser una opción viable. Las personas cuyo dolor emocional fue desencadenado por un trauma físico se describen a sí mismos como atrapados en el lugar de su trauma. Para ellos, la vida parece haberse detenido desde el mismo día en que experimentaron ese evento traumático. Se sienten congelados en el tiempo, agobiados por el dolor y atrapados en su pesadilla. Este es el alcance del daño que puede causar el dolor emocional.

Es muy posible experimentar un dolor emocional insoportable sin pruebas físicas. Puedes enmascarar tu dolor con una sonrisa, y eso es lo que lo hace más peligroso que el dolor físico. Por otro lado, hay dolores emocionales que pueden manifestarse físicamente. He oído de casos médicos en los que la angustia emocional del paciente se presenta como un ataque al corazón. Los médicos pudieron atender la emergencia y remendar al paciente, pero no hay píldoras o cirugías que puedan ayudar a lidiar con el dolor que está dentro de su cabeza. Sin embargo, si adoptamos el principio estoico que nos impulsa a cambiar nuestra perspectiva, podemos ver esto como una gran ventaja. Para empezar, la ausencia de píldoras que te ayuden a deshacerte del dolor significa que puedes entrar en ese vacío y ser tu propia píldora.

Estar en un estado de dolor emocional significa que ya no estás en armonía con tu verdadera naturaleza, y sabemos lo importante que es en el estoicismo mantener ese equilibrio. La solución obvia sería restaurar ese equilibrio y volver a estar en sintonía con la naturaleza. Inicie el proceso haciendo lo siguiente:

1. Acepta la realidad de tu experiencia

No estoy hablando de amor fati o destino amoroso aquí. Me refiero al principio estoico fundamental que nos dice que nuestras experiencias no son ni buenas ni malas. Más bien, caen en la categoría de una de esas cosas indiferentes que no se consideran un vicio o una virtud. Es un factor externo neutral que sólo puede perjudicarte si lo permites. Sí, lo que le has sufrido es trágico y doloroso, y te encantaría que se reconociera ese hecho, pero insistir en él sólo amplifica su influencia sobre ti. Esta es la realidad a la que necesitas despertar.

2. Reconocer los límites

Cuando pensamos en los límites, nuestro primer pensamiento es nosotros mismos y los límites de los que debemos ser conscientes. Pero los acontecimientos que nos rodean también tienen sus límites. Pueden desencadenar angustia, causar un dolor significativo, y crear temporalmente una interrupción en tu vida, pero eso es lo más lejos que pueden llegar. Por muy trágico que haya sido, no puede perjudicarte de verdad. En última instancia, tienes el poder de apagarlo.

3. Toma la opinión de Platón como tu posición

Me encanta el poema de William Blake, *ver un mundo*. Cuando pienso en la visión de Platón, el primer verso de este poema es lo que me viene a la mente.

"Para ver un mundo en un grano de arena

Y un cielo en una flor silvestre

Sostén el infinito en la palma de tu mano

Y la eternidad en una hora"

No reduzcas el viaje de toda tu vida a este único momento doloroso. Tienes una vida increíble por delante, y sólo hace falta un cambio de enfoque desde el dolor presente a las poderosas posibilidades que la vida tiene para ofrecerte para que lo reconozcas. La vida puede llevarte a través de varios giros y vueltas, pero no hay un solo momento que te defina. Tú eres el que define el momento.

Capítulo veintiuno

El estoicismo en la creciente inteligencia emocional

"Sufre más de lo necesario,

sufre antes de que sea necesario."

Séneca

Si hay algo que hace el estoicismo es que te da un sentido más fuerte de ti mismo. Se obtiene una mejor comprensión de sus fortalezas y debilidades, y se entiende por qué actúa de la manera en que lo hace. Ciertos rasgos y patrones de comportamiento que exhibes comenzarán a tener más sentido a medida que explores este viaje hacia ti mismo. Más que eso, también disfrutas de los beneficios de este proceso, que incluye una mayor confianza. Una mejor comprensión de sí mismo también ayuda mucho a mejorar las relaciones en su vida. Sin embargo, creo que uno de los beneficios más importantes de la práctica constante del Estoicismo es la comprensión que te da de los sentimientos de los demás.

A medida que el mundo pasó de pequeñas comunidades locales a una gigantesca aldea global, creo que perdimos el contacto entre nosotros. Nos hemos absorbido tanto en nosotros mismos y en nuestras vidas que podríamos estar literalmente rodeados por cientos de personas y todavía sentir que vivimos en una isla que está en un planeta en el lado oscuro del universo. Los eventos familiares que se supone que tienen que ver con la conexión se convierten en una comunión silenciosa, donde el ritual implica mirar a las pantallas de nuestros teléfonos durante largas horas. Incluso las cenas íntimas no se salvan de este tratamiento. Y es mucho más fácil llegar a la persona de al lado a través de su manija de redes sociales que diciendo su nombre.

Cuando se trata de la resolución de conflictos, nuestra inteligencia emocional es tan pobre que afecta a nuestra capacidad de ver cualquier lado de la historia más allá del nuestro. Incluso la difusión de la información ha seguido el mismo camino. Hubo un tiempo en que la integridad del periodista o escritor importaba más que las historias que contaban. Antes de que se publicara una historia, tenía que ser examinada e investigada a fondo. La verdad es lo que se compartía en los medios de comunicación. Hoy en día, la gente está más interesada en hacer dinero con sus historias. Se sabe que las historias sensacionales llaman la atención, y cuando se puede llamar la atención, se atrae el dinero. Por lo tanto, se le está dando prioridad a las historias insípidas apuntaladas por titulares sensacionales, hechas sin la verificación o investigación adecuada. Y no podemos culpar a los medios de comunicación, somos igual de rápidos en compartir esas historias con la gente de nuestras redes. Y a veces, estas historias que compartimos son tan salaces y perjudiciales para las personas involucradas en ellas, pero no lo pensamos dos veces antes de correr la voz.

Para ser emocionalmente inteligentes, necesitamos aplicar cada uno de los principios estoicos que has aprendido. Para empezar, deja de actuar sin pensar bien tus acciones. Cuando te tomas el tiempo de considerar cada ángulo de la situación, tus puntos de vista, sus puntos de vista, así como la verdad, deben ser abordados objetivamente. Aplica el concepto de premeditación del mal a otros también. Piensa en cómo tus acciones podrían afectarlos negativamente. ¿Vale la pena? Toma este enfoque de la vida. Otro principio estoico que podría ayudar a mejorar tu coeficiente intelectual emocional sería el reencuadre de perspectivas y emociones. No puedo enfatizar lo suficiente o lo mucho que esto me ha ayudado en mis relaciones, especialmente en los momentos calurosos cuando me siento exasperado por sus acciones.

Nuestras relaciones con la gente son más vulnerables cuando nos sentimos despreciados o heridos. Y esto puede suceder más a menudo de lo que prevemos, porque otro indicador de los tiempos que vivimos es que nos hemos vuelto sensibles a las cosas que realmente no importan y, al mismo tiempo, insensibles a las cosas que deberían ser importantes para nosotros. Nos encontramos discutiendo sobre cosas que no tienen ninguna relación real con nosotros mismos y caminando sobre cáscaras de huevo cuando se trata de temas que podrían dar forma a nuestras vidas. Reencuadrar tus emociones te da una nueva perspectiva y puede hacerte más tolerante. Ser tolerante con los puntos de vista, comportamientos y creencias de otras personas viene de un lugar de iluminación emocional.

La inteligencia emocional también se refleja en lo lejos que puedes empujar a la gente. En nuestras relaciones de trabajo, uno de los mayores problemas que tenemos, especialmente como líderes, es la incapacidad de evaluar con precisión los potenciales de sus colegas. Nosotros infrautilizamos o sobre utilizamos sus habilidades. El concepto de límites y fronteras nos es ajeno, por lo que terminamos con empleados y colegas que se sienten frustrados. Aplicando el principio de entender los límites, eres capaz de identificar los botones de presión de las personas en tu lugar de trabajo, y con esa información, entiendes mejor sus límites y eres capaz de delegar tareas que les motivan lo suficiente como para querer seguir en ello, pero que siguen siendo lo suficientemente duras como para mantenerlos en pie. En situaciones en las que eres incapaz de complacer a la gente sin importar lo que hagas, usando el amor del destino, puedes abrazar la animosidad del entorno y potenciarte para sobresalir. Una vez más, con la percepción correcta, esos desafíos pueden ser afilados en las mismas herramientas que traerán tu avance.

Debes tener en cuenta que tener inteligencia emocional no significa necesariamente que le vayas a gustar a la gente automáticamente. El objetivo no es convertirse en la persona más querida de la habitación, sino asegurarse de que eres capaz de tener relaciones sin complicaciones y sin enredos que estén, como mínimo, basadas en la verdad y el respeto mutuo. Es un punto en el que el valor que le atribuyes a la gente no se basa en su valor neto o su estatus en la sociedad. El mismo respeto que le das al CEO de la compañía es el mismo respeto que le das al conserje. En otras palabras, no eres superficial en tu trato con la gente.

En una nota final, cuando usas el estoicismo para aumentar tu inteligencia emocional, eres capaz de disfrutar de los beneficios de tener a la gente en tu vida sin depender de ellos como la fuente de tu felicidad. Este es un error que cometemos mucho.

Nos creemos la noción de Hollywood de que necesitamos a alguien para completarnos, y cada relación potencial se establece con el objetivo de llenar los agujeros que faltan en nuestras vidas. La verdad es que no puedes subcontratar tu felicidad. Disfruta de tus relaciones sin poner la presión de cumplir con tu felicidad en ellas.

Capítulo veintidós

Ejercicios y prácticas estoicas
para empezar

"Hasta que hayamos empezado a ir sin ellas,

no nos damos cuenta de lo innecesarias que son muchas cosas.

Las hemos estado usando no porque las necesitáramos sino porque las teníamos. "

Lucius Annaeus Seneca

La mayoría de los ejercicios estoicos, en la práctica, requieren meditación. Debes meditar en las ideas y filosofías del estoicismo para absorberlas en tu sistema y hacerlas parte de ti. Si no has inculcado el hábito de la meditación, esto es algo en lo que tienes que entrar hoy. La meditación sólo requiere tu tiempo, un espacio tranquilo y un diario. También requiere consistencia en tus mediaciones diarias. Ahora que hemos establecido el tono para un estilo de vida estoico y le hemos dado una mirada profunda a cómo los principios estoicos pueden impactar en su vida diaria, aquí hay algunos puntos finales para empezar. Estos son ejercicios simples que son más adecuados para un principiante, o alguien que busca reconectarse con sus raíces estoicas. Para crecer y alcanzar una mayor iluminación, les insto a ampliar esta lista. Si han sido capaces de mantenerse exitosamente en esta lista por lo menos seis meses, les insto a leer más libros sobre los temas. Los libros que ofrecen extractos o enseñanzas basadas en los escritos de grandes estoicos como Marco Aurelio son un excelente lugar para empezar.

Para establecer metas:

1. Toma un bolígrafo y un cuaderno y escribe tu visión. Puede ser una visión para tu familia, tu carrera, o incluso la renovación de tu casa. No intente levantar ninguna barrera mental, no mire nada que crea que pueda impedir su éxito. Imagina que estás en una pista de carreras, sin competencia a ambos lados. Eres solo tú, la pista vacía, y tu destino. Llena esas páginas con tus visiones del futuro, sin barreras.

2. Después de escribir claramente tu visión, usa una hoja separada para escribir las cosas que potencialmente podrían ser un obstáculo, cosas que o bien retrasarían tu progreso o amenazarían tu visión por completo. No te sientas amenazado por estos

obstáculos. Básicamente están ahí para ayudarte a ver dónde deberías gastar tus energías y recursos.

3. Traza la mejor ruta para lograr tus objetivos, teniendo en cuenta los obstáculos que has previsto. Pregúntate qué debes hacer para llegar a tu destino. Si tu objetivo es el avance de tu carrera, ¿cuáles son las relaciones que debes construir en el trabajo para ayudar con eso? ¿Qué nuevas habilidades crees que serían relevantes para el puesto al que aspiras?

Para aumentar tu autoestima:

1. Define lo que significa la autoestima para ti en este momento. ¿Sería esa una versión más adecuada y saludable de ti? ¿O te gustaría estar más a la moda? Quizás quieras ser más asertivo en tu trato con la gente. Sea lo que sea, escríbelo con palabras claras. Si no estás seguro de cómo empezar, empieza tu frase con "La confianza para mí significa…" Complétala con lo que quieras. Intenta escribir cinco o seis oraciones que se centren en lo que quieres.

2. Evalúa objetivamente lo que quieres y evalúa lo que es alcanzable y lo que no. Pregúntate qué factores están bajo tu control y cuáles no. Tal vez tu objetivo

sea tener el cuerpo de una superestrella famosa. Mira tu cuerpo y pregúntate si es realmente mejorable. Si no es así, opta por ser más saludable, en su lugar-quizás tu objetivo podría incluir la pérdida de una cantidad específica de peso.

3. Antes de crear un plan de acción que te lleve a tus metas, comienza una relación amorosa contigo mismo. Escribe las cualidades que amas de ti mismo, así como las cualidades que otras personas han apreciado en ti. No importa cuán pequeña o insignificante creas que es esa cualidad, escríbela y comienza a enamorarte de ti mismo. Mira lo bien que tu cuerpo, tu carácter y tu personalidad te han servido a ti y a los demás en tu vida. Acepta eso, y sólo cuando te sientas cómodo con eso deberías avanzar en la creación de un plan para convertirte en la versión más segura de ti mismo.

Por ser más generoso o dar [filantropía]:

1. Comienza este proceso meditando sobre tu percepción de otras personas. Para poder ser más deliberado con la distribución de tu riqueza, ya sea tiempo, dinero o conocimiento, primero tienes que

empezar a pensar en las personas como una extensión de ti mismo. Mientras la gente siga siendo desconocida para ti, no podrás preocuparte lo suficiente como para preocuparte genuinamente por su bienestar.

2. Mira las ataduras que te unen a tus posesiones. Típicamente no podemos dar porque hemos formado apegos malsanos a las cosas que poseemos. Recuerda que nada es para siempre. Puede que nunca te quepa la camisa que llevas puesta, así que ¿por qué no dársela a alguien que se pueda beneficiar de ella ahora mismo? Además, aplica algo de meditación del mal en este proceso. Si de repente perdieras todo, ¿qué tan bien te serviría a ti o a la gente que te rodea? Esto te ayuda a desprenderte de las cosas que posees. Disfruta de los beneficios que te traen, pero no les des ningún valor.

3. Regala algo a alguien sin necesidad de que te lo pidan. Si, al principio, el proceso se siente raro, puedes empezar dando un regalo a los más cercanos. Puede ser una llamada telefónica rápida que se centre en su bienestar, en la que escuches y ofrezcas el apoyo que necesitan. Averigua cómo están, qué está pasando en sus vidas. Pasa unas horas con tus abuelos. Haz

alguna tarea extraña en la casa, o simplemente siéntate y conversa con ellos. Sé voluntario en tu comedor de beneficencia local. Puede que te sientas un poco extraño, al principio, pero sigue haciéndolo mensual o semanalmente. Saludar a un extraño al azar y hacerle un cumplido también son tareas diarias o semanales que podrías asignarte a ti mismo.

Capítulo veintitrés

Tomando posesión de tu vida

"El más poderoso es aquel que se tiene a sí mismo en su propio poder."

Séneca

Si te has pasado la vida culpando al resto del mundo por cualquier injusticia percibida, puede que nunca seas capaz de hacer ningún progreso real. Sí, lo que te ha sucedido puede haber sido cruel e injusto, pero el poder que la persona o personas en cuestión tenían sobre ti terminó el día o el período en el que te infligieron ese daño o trauma. En el momento en que saliste de eso, el poder volvió a ti. Y, en este momento, no me refiero a la charla general sobre la energía negativa que rodea a la incapacidad de perdonar, aunque eso tiene su propio tipo de veneno emocional. Hablo de someterse subconscientemente a un dolor una y otra vez. Excepto que esta vez, estás sosteniendo en tus propias manos el arma que está infligiendo el dolor.

A lo largo de este libro, el mensaje subyacente ha sido que el poder definitivo para transformar nuestras vidas y vivir la vida que deseamos está en nosotros. Y todo lo que tienes que hacer es extender la mano y tomar ese poder. Por supuesto, para hacerlo de la manera estoica, tu primer obstáculo tendría que ser revisar los años de patrones de pensamiento y comportamientos que has aprendido a lo largo de tu vida. Este proceso no es fácil, pero tampoco es complicado. En unos pocos párrafos, voy a repasar ciertos pilares de pensamiento que tendrás que derribar para que estos nuevos principios que estás tratando de imbuir puedan informar las decisiones que tomes. Esta no es una lista completa, pero cubre lo básico. A medida que evolucionen, harán nuevos descubrimientos. Incluya esos descubrimientos en su propia lista.

1. Eres responsable.

Cuando oímos una frase así, pensamos en términos de obligaciones y deberes. Pensamos en tareas específicas que caen dentro del ámbito de lo que sentimos que es nuestra "descripción del trabajo". En esta nueva vida, ser responsable va más allá de las tareas diarias o de los deberes asignados en tu papel de esposa, esposo, padre, amigo o empleado. Significa que eres el agente principal de todo lo que sucede en tu vida. Esto es enorme, especialmente si siempre has creído que todo lo que te ha pasado hasta ahora es obra del poder divino. Pero aquí está la verdad: Ese poder divino todavía existe y, en el gran esquema de las cosas, hay eventos que han sido diseñados sólo para ti. Sin embargo, eres tú quien define esas experiencias. Así que, si quieres explorar todo tu potencial, tienes que aceptar que eres el responsable de las elecciones, acciones y experiencias de tu vida.

2. Deberías esperar que te pasen cosas terribles.

Dicho de esta manera, suena como algo horrible de decir, pero estas son algunas de las cosas para las que tendrás que prepararte psicológicamente. Cuando te enfrentes al futuro, no sólo busques las nubes blancas y esponjosas, la olla de oro al final del arco iris y el unicornio. Habrá dragones y oscuridad y cosas que preferiríamos no estar allí, pero negar su existencia no hará que dejen de existir. En su lugar, vea estas cosas como herramientas necesarias para acelerar su proceso de vivir la buena vida. Tu poder reside en tu habilidad para usar tanto lo bueno como lo malo para tu beneficio.

3. Tu idea de lo que es bueno y lo que es malo se ha distorsionado.

Hay verdaderas virtudes, como has aprendido, y también hay vicios. Pero lo que se clasifica como bueno o malo se conocen como indiferentes preferidos o indiferentes no preferidos. Ese impresionante trabajo que tanto amas es un indiferente preferido, y perder ese trabajo sería definido como un indiferente desagradable. Ese trabajo tiene beneficios que, hasta cierto punto, te ayudan a mantener tu dignidad ya que paga tus cuentas, te mantiene alimentado y vestido. Así que prefieres tener un trabajo que no. Sin embargo, no afecta a tu virtud porque si la perdieras mañana, aún podrías encontrar la felicidad. En otras palabras, muchas de las cosas que has tenido cerca de tu corazón como las cosas que definieron tu vida y bienestar son en realidad sólo contribuyentes positivos. Son marcadores de posición para la cosa real, hasta que seas capaz de llegar a ese lugar donde entiendas el verdadero valor de tus propios pensamientos. Tu poder o sentido de autoestima no está en las cosas que deseas.

4. Tu experiencia es esencialmente lo que permites.

Esto va en la misma línea de que tú eres el responsable, pero tuve que crear una sección separada para esto porque muchos de nosotros hemos pasado por experiencias que nuestros compañeros no pueden ni siquiera empezar a imaginar. Y a menudo, sentimos que estas experiencias justifican el dolor que vivimos a diario. Cometemos errores que tienen consecuencias graves, y no podemos superar el dolor que hemos causado a otros. Por lo tanto, sentimos que, al castigarnos a nosotros mismos, podemos de alguna manera expiarlos. Son mentiras que nos decimos a nosotros mismos para ayudarnos a sentirnos mejor por lo que ha pasado, pero el sentimiento es temporal, y continuamos este ciclo de autolesiones. Las cosas que la gente te ha hecho no tienen poder sobre ti. Al igual que los errores que has cometido no tienen poder sobre ti. Este es un concepto con el que lucharás, especialmente si las voces que te rodean han hecho eco de tus pensamientos. Abraza el destino, y todo lo que ha sucedido, y abraza tu potencial para ser más.

Puedo escribir 50 libros sobre los principios estoicos, y el mismo Séneca puede levantarse de su tumba para ser tu mentor en este mismo tema, pero si eres incapaz de admitir estas verdades básicas y aceptar los poderes que vienen con ellas, hay una clara posibilidad de que no seas capaz de vivir todo tu potencial, y mucho menos de alcanzar los objetivos de tener más confianza, vivir más conscientemente y disfrutar de la buena vida. No hay muros, ni barreras, ni personas que puedan impedirte vivir tu mejor vida. Como dicen, la única persona capaz de interponerse en el camino de tu éxito eres tú. Y eso es porque tienes el poder definitivo.

Cierre

Me gustaría dejarte con estas sabias palabras de uno de los más grandes maestros del estoicismo, Séneca:

"Preparemos nuestras mentes como si hubiéramos llegado al final de la vida. No pospongamos nada. Equilibremos los libros de la vida cada día... el que da los últimos retoques a su vida cada día nunca está corto de tiempo."

Típicamente vivimos nuestras vidas tratando valientemente de posponer nuestro encuentro con la muerte. Queremos vivir para siempre, un concepto noble, pero nos deja con el miedo al mañana. Entre un grupo de amigos, surgió el tema de la mortalidad. Descubrí que muchos de nosotros estamos más entusiasmados con la vida después de la muerte. Nos aferramos a la perspectiva de ir al cielo y, obviamente, nadie quiere hacer su cama en el infierno. Hablamos de vivir una vida en la tierra que nos haga dignos del cielo. Uno de nuestros compañeros más traviesos hizo la pregunta: si las proverbiales trompetas sonaran hoy y se hiciera el llamado a todos los santos para ir al cielo, ¿estarías dispuesto a dejar todo atrás y responder a ese llamado?

Un silencio mortal cayó sobre la mesa. A esto le siguió un fuerte despeje de gargantas y risas incómodas. Ninguna persona estaba preparada para enfrentarse a la muerte, incluso después de haber descrito el cielo como este maravilloso lugar. No se cuestionaba la existencia del cielo o del infierno, ese no era el verdadero problema. La cuestión era que muchos de nosotros estamos atados a la tierra, a pesar de nuestra piadosa afiliación y devoción al cielo. Tampoco hay nada malo en ello. Sólo que, para un grupo de gente que no tiene idea de cuándo llegará la muerte, damos por sentado que se vive.

La forma de vida estoica te prepara para la inevitabilidad de la muerte mientras te asegura que vivas tu vida al máximo. La incertidumbre del mañana no debería impedirte vivir ahora, y sólo porque estés viviendo ahora no significa que no debas prestar atención al mañana. Vive bien, con la gente de la que te rodeas. Haz cosas que te den un sentido de propósito, en el sentido de que estás jugando tu parte en el esquema universal de las cosas. Toma todo lo que te da la vida y conviértelo en un bestseller que será tu vida. De eso se trata este libro.

Epicteto describió la vida como "dura, brutal, castigadora, estrecha y confinada, un negocio mortal". El estoicismo tiene como objetivo ayudarte a dar sentido a tu viaje. Con él, encontrarás fuerza frente a la adversidad, descubrirás las oportunidades en tus obstáculos, y alcanzarás una perspectiva que te ve elevándote por encima de tu dolor.

Gracias.

Antes de que te vayas, sólo quería darte las gracias por comprar mi libro.

Podrías haber elegido entre docenas de otros libros sobre el mismo tema, pero elegiste este.

Así que, un ENORME agradecimiento a ti por conseguir este libro y por leerlo hasta el final.

Ahora, quería pedirte un pequeño favor. **¿Podrías considerar publicar una reseña en la plataforma? Las reseñas son una de las formas más fáciles de apoyar el trabajo de los autores.**

Esta retroalimentación me ayudará a seguir escribiendo el tipo de libros que te ayudarán a obtener los resultados que deseas. Así que, si lo disfrutaste, por favor, házmelo saber.